在时间中化育

嵇玉梅　著

南海出版公司
2022·海口

图书在版编目（CIP）数据

在时间中化育 / 嵇玉梅著. -- 海口 : 南海出版公司, 2022.8
ISBN 978-7-5735-0262-9

Ⅰ. ①在… Ⅱ. ①嵇… Ⅲ. ①小学教育—教育研究 Ⅳ. ①G622.0

中国版本图书馆CIP数据核字(2022)第138396号

ZAI SHIJIAN ZHONG HUAYU

在时间中化育

作　　者	嵇玉梅
责任编辑	聂　敏
出版发行	南海出版公司　电话：（0898）66568511（出版） （0898）65350227（发行）
社　　址	海南省海口市海秀中路51号星华大厦5楼　邮编：570206
电子信箱	nhpublishing@163.com
经　　销	新华书店
印　　刷	三河市金兆印刷装订有限公司
开　　本	710 毫米× 1000 毫米　1 / 16
印　　张	9
字　　数	160千
版　　次	2022年8月第1版　2022年8月第1次印刷
书　　号	ISBN 978-7-5735-0262-9
定　　价	42.80 元

为了明天的回顾（自序）

光阴荏苒，似水流年。

自 1992 年参加工作，不觉间三十年一晃而过。三十年的教育生涯里，先后在三处学校任职，从事教导处工作六年，任业务校长十年，自 2017 年开始担任校长职务。不同的岗位，不同的体验，脚踏实地、求真务实、不满当下、不惧未来，是我永远不变的工作作风。因此，得到了同事们真诚的信任和拥护，也因此，取得了微不足道的点滴成绩。回顾过往，一方面，真的平淡无奇，普通朴素；另一方面，却也充满了有味的经历，其中有浅薄的思考，有勇敢的实践，更有大胆的创新。无论风雨兼程还是阳光明媚，那些曾经的烦恼、喜悦、成功、失败，现在看来，对我而言都是生命的历练。

想过写一本书，但总感觉这对我是一件遥不可及的事情，后来，在好友的多次鼓励下，我终于坚定信心。因为知道为什么出发，就是想将三十年的心路历程予以梳理，为自己擦亮前行的镜子，所以慢吞吞一直拖到 2020 年寒假才提笔。写作的过程就是梳理的过程，梳理过去、梳理当下，然后从中提炼得与失、成与败，给未来将要走的路提供一个镜鉴，从而更好地迎接新的挑战。毕竟，选择了从教初心，就希望不辱使命。因此，这本书稿可以算是一种反省，也可以说是一种别样性质的学习。至于能否给自己带来超越，虽然还是未知数，但我愿意以此为鉴，为自己热爱的事业付出更多的努力。

万事开头难，开始的过程是一个痛苦的过程，不知如何下手，多次调整写作思路，走了很多的弯路，寒假也因此过得忙碌而充实。在忙碌的工作之余也花费了不少精力，付出了许多艰辛。令人欣慰的是，它们都是真实的，历程是真实的，体验是真实的，成绩是真实的，渗透于中间的曾经带给我痛苦和焦灼的思考也是真实的。不为取悦，无关功利，只希望这本书稿传递到你的手里，你能少点对完美的苛责，多点宽容的理解足矣。倘若能够带给你些微的启发，那对我将是莫大的荣幸。

因对“时间”这个词情有独钟，便将本书起名为“在时间中化育”。这里的“时间”，是我担任芙蓉小学校长后提出的办学理念——做时间的主人，希望每一个芙蓉学子，都能够这么要求自己；“化育”二字来自《中庸》，原文是“可以赞天地之化育，则可以与天地参矣”，能够让万物充分展现天性，就可以赞助天地化育为物。这是传统文化中理想教育的表达，它同样适用于今天对孩子的教育。“虽不能至，而心向往之”，我愿意把自己交给从事这种高尚事业的时间，我愿意在属于自己的时间中为这一崇高事业贡献自己微薄的力量。

在此，衷心感谢在写书过程中始终给予我帮助和鼓励的好友，是他们在我多次打消念头的时候，给予我信心和力量，让我没有半途而废。也感谢我的丈夫，无论我写得多糟糕，他给予我的永远都是鼓励，一直默默支持着我，使我有了坚持的信心！

稽玉梅

2020 年 5 月 15 日

目　录

第一章　时间河道中的珠贝

第一节　童年的塑造……1
第二节　外村求学的快乐……5
第三节　如禾如稻，如斯成长……8
第四节　师范赐予的财富……13

第二章　涉足杏苑的璎珞

第一节　带着热情出发……17
第二节　生命的历练……21
第三节　体验角色的转换……25
第四节　学习，永远的主题……28
第五节　注重教育细节……33

第三章　以文化的名义

第一节　最美好的遇见……38
第二节　做时间的主人……44
第三节　美在芙蓉……47

第四章　成长路上的风景

第一节　在实践中成长……52
第二节　“人生三点”规划……54
第三节　读了，再写……59
第四节　讲好自己的故事……66

第五章　焕发课程的活力

第一节　绘制课程图谱 …… 71
第二节　语文也可以这样教 …… 75
第三节　心有多亮，文有多美 …… 81
第四节　数学阅读也很美 …… 86
第五节　“根式”教学的魅力 …… 90
第六节　从绘本走向微课程 …… 94

第六章　在时间中化育

第一节　用经典培植文化人格 …… 97
第二节　在活动体验中成长 …… 102
第三节　在创新中发展 …… 106
第四节　欢乐“吉尼斯” …… 109
第五节　享受劳动的甘甜 …… 114

第七章　为了最美的明天

第一节　构建家校共育体系 …… 120
第二节　温馨的“漂流日记” …… 124
第三节　有爱，就有改变 …… 130
第四节　责任，意味着远方 …… 134

第一章　时间河道中的珠贝

回顾过往并不等于怀旧，它往往提醒我们去反思：我们从哪里来，我们是凭借什么走到今天的，那些消逝的岁月到底赐予了我们什么……从而使我们更好地珍惜今天，也更好地用那时阳光赋予我们的温度来温暖今天。

第一节　童年的塑造

1992 年夏天，十九岁的我师范毕业，被分配到实验小学任教，自此，开始了我的教育生涯。刚刚走上工作岗位，负责教授一年级两个班的数学，虽然早就有相应的心理准备，但在踏上讲台的那一刻，我的心湖还是泛起阵阵微澜。我知道，从那一刻起，我摆脱了一直以来扮演的学生角色，真正地成为一名光荣的人民教师。

走进教室，首先看到的，就是一双双晶亮的、童稚的眼睛，他们满怀好奇地打量着我，脸上掩饰不住兴奋。是的，对于这些孩子，从步入学校的这一天起，他们便等于翻开了新的一页，但他们却不知道，眼前这个分明还带着青涩的女老师，同样如此。

看到他们，我曾经走过的单纯如清风的路，再一次浮现在我的眼前。

那时与他们一样，我心中也充溢着美好的梦想，带着对知识的渴望，怀揣一缕微风掠过湖面似的欣悦，步入了学校这一神圣的殿堂。小学开始的四年，是在村子里读的。我们村很小，是一个新建移民村，全村就百十来户。受条件限制，学校非常袖珍，全村仅有四个年级两个班、两位老师，也就是渐渐退出历史舞台的复式班教学。特殊的教育模式，导致了许多有趣、有味的事情发生。那些过往的点点滴滴，至今回想起来都令人忍俊不禁。

语文老师姓孙，是我班同学立平的小姨。记忆中，她总爱扎着当时流行的大辫子，年纪比较轻，为人也比较和蔼，出于孩子的天性，我们都很喜欢她，也亲慕她；数学老师姓玄，是我班同学玉红的母亲，留着短发，脾气耿直，做事泼辣，我们都有点儿怕她。

上二年级的时候，由于我个子相对别人高一些，就坐在了二年级的最后一排。我的后面，就是四年级的学生。有一次，我们上语文课，孙老师在教我们识字。当讲到“儿”这个字时，孙老师让同学们组词。那时我们根本没有举手回答问题的习惯，通常谁想出来就直接站起来说。先站起来的同学说：“儿子。”后面大家就“大儿”“小儿”“哪儿”“这儿”接二连三地回答。举得差不多了，没有新词“产生”了，同学们一时之间陷入了沉默。就在这时，我后面四年级的同学低声向我咕哝说：“干儿。”这可是刚才不曾出现的词啊，我怕被别人捷足先登，就迫不及待地站了起来，大声地说：“干儿。”万籁俱静之中响起这么石破天惊的一声，全班哄堂大笑。我呢，好像做了什么丢人的事情，羞愧得脸一下子红到了耳根，整个面颊都烫乎乎的。那一节课，我始终没好意思再抬头。

那时候的学习生活简单朴素，那时候的我们幼稚可爱。到了四年级上课，记得有一次语文课，孙老师讲到《渔夫和金鱼的故事》那篇课文，讲完后，她安排大家分角色朗读。课文中老太婆这个人物，是同学的表姐“扮演”的。她性格豪爽、开朗大方、嗓门洪亮，估计孙老师也是瞅准了她的这些特点。她也不负老师期望，读得声情并茂，把老太婆的贪婪和凶恶读得栩栩如生。大家都在一间教室，她读一段，我们就哈哈地笑一段，怎么忍也忍不住。对于二年级的我们，这似乎是一件让人莫名兴奋的事情，笑得那可真是前仰后合。这样的结果，就是对那篇文章印象特别深刻，才二年级，便熟悉了四年级的部分内容。

那时候的语文课是我们最喜欢的，很大一部分原因就来自担负启蒙任务的孙老师。对于年幼的孩子，什么最重要？自然是兴趣。倘若老师古板教条，孩子内心会产生抵触，随之对那门功课也便兴致寡淡了。

童年稚嫩的想法，就是希望永远拥有孙老师那样像春风般的老师，即使将来自己做老师，也要做她那样的。我想，这就是影响，这就是熏陶，许多观念就是由这样并不起眼的事萌发，并逐渐在后来的日子里走向成熟的。

“春天的花开、秋天的风以及冬天的落阳”，就在光阴不变的节奏中，我一天天长大。小学的生活，是简单的，却也是丰富的。那些字词，那些句子，那些好听的故事，接踵而至地注入我的心里，为我增添着新鲜的血液；那些数字，那些算式，那些习题，则于无声处提升着我的思维品质。那时的我，毫无意识去追究这些，我也不去想到底这条学习之路会将我引向何方，只是在那单纯的快乐中成长。

后来，我会经常想一个问题：一位老师的心性、态度、方法等到底是由什么形成的？这，当然与他所接受的教育相关，与他所阅读的书籍、思考的问题相关，与他对教育、教学的理解相关，但毫无疑问，更与他的来路相关。童年的经历，会无意中对其产生影响，成人后，一些念头、一些决定、一些措施，也就打上了那些往日的印记。

一直到后来，我还是坚持一个观点：教师要尊重孩子的天性，让他们毫无顾忌地扑到大自然的怀抱中去放纵自我、摸索规律、提炼经验。只因为自然是最好的老师，它教会我们从风云变幻中判断天气，在摸爬滚打中锻炼身体，在风霜雨雪中锤炼意志。记得钱理群先生曾经说过，他一生遭遇过许多苦难，但他都平安渡过了，原因就在于他有一个快乐的童年，而那个童年，就是在自然里对自我的放飞。

那时我最盼望的，还有课间许许多多快乐的游戏。我们不分年级、不分男女，全校学生一起玩。那些形形色色的游戏，有的是传统的，有的是不知从哪儿传来被部分同学学会然后共同玩耍的，有的中间还会有不同于其他地方的"发明创造"。在我们身上，真正体现了"游戏是人类的天性"这一哲理。

我们玩丢手绢、弹玻璃球、丢沙包、跳方格、挑线、老鹰抓小鸡、打宝等游戏。这些游戏，生发的是欢乐，消磨的是精力，极大地锻炼了我们的敏捷性和行动力。

最具挑战性，也是现在许多孩子望而生畏的，就是"骑马""坐轿"。"骑马"也就是现在的跳马，由一个同学两手扶膝弯着腰作为"马"纹丝不动地站在那儿，其他参与游戏的同学跑过去，然后撑着他的背一跃而过。游戏规则是谁输了，谁当"马"。小伙伴哪一个愿意当"马"呢？所以，都是勇敢而认真地跳。我们是在玩，可弹跳能力、协调能力不就是在玩中提高的吗？而"坐轿"则是三个人玩的游戏。其中两个高年级的同学一手攥着自己的手腕，另一只手攥着对方的手腕，四只手形成一个方形；另一个女同学把两条腿分别伸进两个人的胳膊里，坐在四只手上，被他们抬着满院子走。我们还利用教室里的房梁作界对打排球。游戏中，合作能力就这么提升了，同学友情也这么加深了。

常回忆、怀念那时的游戏，它们不复杂，却是智慧的结晶，它们带着自然的气息，带着天空的味道，随着我们的欢声笑语被放逐在晴空之下。你不友善，是无法参与其中的，而在参与时会学会友善；你不机敏，是无法完成的，但在完成过程中会学会机敏。记得当时，每当游戏时，高年级的学生就像大哥哥、大姐姐一样爱护着我们。比如玩丢沙包游戏时，高年级的大哥哥、大姐姐就自然而然地负责扔沙包，由我们小孩子在中间跳；玩“坐轿”游戏时，都是我们这些低年级的女孩子“坐轿”，他们搭起手来“抬轿”。当时并不觉得有什么，认为一切都是理所当然的，但现在每次回忆，都有一种暖洋洋的感觉，就像又一次沐浴到了那时的阳光。

那时候的学校很简陋，我却体会到了上学的快乐。那时的生活条件很艰苦，可我同样体会到了成长的快乐。我家一共有兄妹四个，一个哥哥，两个妹妹，最小的妹妹和我差九岁。从上学起，家务活就全部是我的——我是家里的长女。

常常想，所谓劳动，包含的范围是极为广泛的，而会不会劳动，则很大程度上来自耳濡目染，多多练习。比如擀饼、烧鏊子、擀面条、包饺子，父母在那里做，总会招呼我打下手，虽然那时还小，可从没有想到过拒绝，感觉都是应该做的，渐渐地，家长每次干活，我总是自觉加入，这成了一种默契。在这种默契中，我学会了很多家务。农忙时，父母要下地干活，我一早就跟着奶奶起来擀饼。那时，奶奶年龄已经大了，和面就由我负责。过来人都知道，和擀饼的面是项技术活，需要面软而不沾手，和完面还要不停地加水用拳头搋面。奶奶在做活，也是在教我。她的要求很高，比如，和面的盆子必须光亮，不能沾上面。奶奶擀饼，我烧鏊子烙饼。烙饼同样是项技术活，火不能太大，太大了会把饼烙煳；也不能太小，太小了会把饼烙干，要不大不小适度才好；翻饼也不能太勤，要看到饼鼓起一个个小泡才行。做这些活对于一个年纪尚小、玩性十足的孩子来说，考验的是耐心、专注。

后来我常常想，学习，不仅仅是从书本上汲取知识，不仅仅是听老师讲授，家务劳动同样是不可替代的学习方式。这种性质的学习，有时候比学校的学习更重要。有了这样的过程，你对那个家就有了强烈的认同感和归属感，你会发自内心地将自己视为一个家庭的重要成员并生出责任感；同时，你也会具备细致、坚持、吃苦等美好品性，而这些品性都让我在今后的生活和工作中受用无穷。

感谢童年，庆幸自己能在时间慢的节奏中合情合理地成长。童年对于我，不仅意味着最为无忧无虑、最为开心快乐、最为单纯朴实的时光，还意味着我就是那么出发的。有人说，童年是一生的预备。如果真可以这么理解，那我真的预备了不少“财富”。它至少让我养成了许多良好的习惯，至少让我知道了生活的温暖在于一个个细节，至少让我懂得了所有的经历都是对自己的塑造。而在后来从事教育教学工作，碰到许多事情的时候，我都会不自觉地想到自己的童年，于是，就多了份关爱、多了份体贴，也多了份包容……

第二节　外村求学的快乐

一个小学生，他最大的特点就是好奇——总是对外界充满新鲜感，总是希望生活能有所变化从而带来别样的色彩。而这个潜伏在我心底的愿望，却不期而然地在上五年级的时候实现了。

四年级的暑假结束后，自然要上五年级。就在这个时候，由于本村的小学取消，我转到东边邻村陈家村去上学。自懂事以来，我的生活范围就是自己的村子。陈家村虽然不远，“鸡犬之声相闻”，可对我来说，不啻另一个世界。我的第一感觉，就是高兴——我可以自由自在地在充满泥土气息的路上往来了。

陈家村小学离家有两里路，一天往来四趟。在那时的农村，哪有家长抽出时间来专门接送呢？五年级的孩子，在他们眼里已经可以自我负责了。当然，也没有车子可骑，全凭步行。而就是这样的生活，却充满了乐趣。

上学路上，往往是我们三四个女同学约好一起走，就像放飞了的麻雀一样，我们一路上总是叽叽喳喳地说个不停，就是现在想来，也不知道哪来的那么多的话题。你说一句，我应一句；我说一句，你和一句。话题转换也是极快，一件事还没有说完，一个同学马上提起另一件事，于是接龙一样絮叨下去。那种投入，真有一种全神贯注的味道。这样，路边有什么样的花开了，有什么样的动物走过了，天空有什么样的云飘过了，有什么样的风吹起来了，都不在我们的关心之列。我们的心中，只有正在说着的话儿。毫无疑问，与上学读书一样，这也是一种学习：从小伙伴那里听来的事情增长了见闻，彼此诉说中不但增进了感情而且学会了与人交往。这样，那路就在不知不觉中变短了，似乎眨眼之间就到了学校。

放学了，人也不自觉地变得轻松了，美中不足的就是不得不饿着肚子回家。可我们非但没有丝毫抱怨、委屈，相反，仍然显得兴致勃勃，要么继续你一言我一语地说话要么就是唱歌，好像嘴巴因为吃不到东西于是就要尽情地发挥它的另一项特长。

有什么事比得上在田野里肆无忌惮地唱歌那么令人愉悦呢？恐怕没有吧。那真是一种无忧无虑的、单纯明净像阳光一样的快乐。不知道是谁起头，要么齐唱要么轮唱，歌声便亮亮地飘起来，飘向田埂土塍，飘向野花树梢。总是有新学的歌，谁唱得不准不妙，大家就现场教她。这样下来，会唱的歌越来越多。记得那时流行歌手程琳的歌，令我印象最深的，是她的《熊猫咪咪》："竹子开花啰喂，咪咪躺在妈妈的怀里数星星，星星呀星星多美丽，明天的早餐在哪里？咪咪呀咪咪请你相信，我们没有忘记你，高高的月儿天上挂，明天的早餐在我心底……"我们也不去深究这首歌到底想表现什么，只是觉得歌词浅显，旋律动人，于是就那么一遍又一遍地唱，还不由自主地蹦蹦跳跳。那半个多小时的路程简直就是一场快乐的回家之旅。没有家长的接送，反而让我们品尝到了不一样的滋味。

相比别人，我还多了个"小尾巴"——小妹妹。我的小妹妹上一年级，村子里的小学取消后，所有的孩子都得去陈家村上学，我就开始操她的心了。放学路上，每当小妹妹说："姐姐，我饿得走不动了。"我便弯下腰，背着她走。那当然不是件轻松的事，但作为姐姐，自然没有拒绝的理由。现在的我特别能吃苦，可能就与小时候的环境和经历有很大关系，那些曾经的受苦受累直接造就了我今天的良好品质。

就在那野草一样的成长中，我的视野得到了开阔，知识得到了积累，一些想法和观念也随之发生了改变。比如，在以前，我是根据老师的性格来判断其好坏的，但随着学龄的增长，对老师组织下的课堂和采取的教学方法我也有了自己的看法。

我所上的陈家村小学也是一所村办小学，学校的老师都来自陈家村。我们的语文老师段老师也不例外。他是一个高中毕业生，当时师资比较匮乏，他毕业后就到校教书。在所有的小学老师中，他对我的影响最大，给我留下的印象也最深。

记忆中，他头脑灵活，上课很有意思，经常会借着语文课向我们抒发思想感情。有一次，正碰上下小雨，他上着上着，忽然停下课来临场发挥了一首打油诗：“话少舒心肠，雨小淋衣裳……”他当时的表情我至今还记得，很是忧郁，一副颇为伤心的样子。班里很多同学就是本村的，对段老师家里的情况非常了解，我的同桌陈焕生就是其中之一。他比我大三四岁，懂事早，每每这时候，他就会偷偷地告诉我段老师借景抒情的原因。

段老师的课我们非常喜欢，可能是年轻的缘故，他的教学理念相对先进，每次讲课都很生动，不像其他老师那样照本宣科。他会给我们讲很多书上没有的事，而那些事，我们更喜欢聆听。记得有人说，上语文课印象最深的，就是老师海阔天空聊到的。

小学的作文课，让许多孩子望而生畏，而段老师的作文课却是我们最喜欢的。他是一个有思想的人，他会结合作文的内容，带领我们先体验再写作：要么带我们出去游玩，然后回来再写；要么在班里举行一个座谈会，大家轮流发言后再写。

段老师这样做，与他对写作的理解有关，也与他对孩子的知识结构、思维认知的理解有关。但同时，也与那时一个村办学校自由活泛的教学理念有关——没有那么多的条条框框，没有那么多的局限约束，老师就有了个人发挥的余地。

记得那年秋天，有一次，又轮到写作文。段老师专门拿出一下午的时间，带领我们到村子的菜园子、庄稼地里游玩，让我们注意观察秋天的变化。那天，同学们就像放出笼的鸟，到处走、到处看，这中间，有时候难免会顺手搞点“破坏”，比如从菜园子栅栏上将爬满的芸豆、扁豆摘下几个，顺手摘个黄瓜、挖个地瓜等，这些行为在农村本身不算什么，村民在这方面是非常包容的。段老师看见了也不会制止我们，作文写得好坏从没有人挨过批评。现在想来，段老师对作文的要求也是值得深味的：对于年幼的小学生写的文章来说，怎样算好，怎样算坏，这都是小事情；而倘若就写作水平进行不必要的批评，那不但会打击孩子的积极性，而且还会让他们对作文产生畏惧心理。

最过瘾的一次，也是最后怕的一次，是五年级下学期的一次郊游。当时正是槐花开放的季节，段老师要带领我们全班同学步行浮烟山。那时候，班里组织外出活动，想走就走，老师当得潇洒，学生玩得开心。那天早上到校集合，提前带好中午的干粮，一路向西出发。从学校到浮烟山大约有二十里路，我们走到浮烟山时已经临近中午了。当时浮烟山还没有开发，基本上都是山路。明媚的阳光之下，五月的槐花开满了山，远远地就闻到了花香。浮烟山不高，海拔不到二百米，很快我们就爬到了山顶，在山上痛痛快快地玩耍。我站在一块大石头上和同学说话时，不经意地回头一看，才发现自己站的那块石头是悬空的，再探头往下一看，分明是万丈深渊啊。我立马吓得瑟瑟发抖，腿都软了，战战兢兢地倒退着爬了下来，就那样，半天站不起来，后来每当想起当时的情景都后怕得不行。那天，我们一直玩到太阳西斜，段老师才召集我们往回赶。有了这样的经历，那作文当然有话可说了。

现在回想起来，段老师的教育理念很是先进，它真的符合陶行知的三大基本教育思想："生活即教育，社会即学校，教学做合一。"陶行知主张学校教育必须和生活相联系，学校教育的范围不仅限于书本，而应拓展到大自然、大社会和生活中去，向自然学习，向社会学习。关于写作文，亦是如此。

这样来看，段老师不正是陶行知教育主张的践行者吗？虽然不知道段老师是否读过他的书，熟知他的教育教学理论，但段老师的做法，却极为符合教育学和儿童心理学，就是今天看来，也是先进的。

第三节　如禾如稻，如斯成长

似乎眨眼之间，快乐的小学生活便结束了。还处于懵懂状态，我们就步入了初中。

我时刻铭记着初中教语文的韩老师经常说的一句话——"学者如禾如稻，不学者如蒿如草"，老师为我们提供的永远是初始的引擎配置，而其他的所有都要靠自己努力学习而得。

小学最后一个暑假过后，顶着炎炎烈日，我开始了初中生活。学校在离家六里多路的庄头村，再像那样以前步行上学肯定不现实，于是，摆在眼前的第一个问题就是必须要赶在开学前学会骑自行车。

同龄的孩子很多从小就学会骑车了，我从来没有学过，心里很着急。白天大家都没空，我也担心骑不好被别人笑话，就把学骑车安排在晚饭后。哥哥在自行车的后座上绑一块宽木板，以防我歪倒后被自行车砸到。村子里没有路灯，借着皎洁的月光，我们到村东边马路上练习，那时候的自行车都有大梁，一开始我都是在大梁底下骑，等骑得差不多了，开始到大梁上面骑，用了半个月的时间，终于学会了。

就在骑车上学的那些日子里，我学会了打扫卫生，看到了以前不曾见过的一些社会现象，也知道了在桌子上画不能越界的“三八线”。而最重要的学习任务，则从来不曾落下。

那三年，是我学习生涯中最刻苦用心的三年。应该是出于一种自觉，从来不需要家长的督促，也从没有因为情绪的波动而厌倦学习，那时候的自己，成绩一直在班里名列前茅。

奶奶家和我家隔着几栋房子，初一、初二的时候，我一直住在奶奶家。晚饭后，每次写完作业，我还要趴在炕上暖暖的被窝里再学到十点多才睡。奶奶关心我、疼爱我，每次都催我快睡，说长身体的时候不能熬夜，可我从来不听。早上，奶奶每次都比我要求的时间晚几分钟才叫我起床，生怕我睡不够。

只要提起那时候的学习，我首先感谢的就是奶奶，她对我关怀备至。早上给我冲鸡蛋，说好的每次冲一个，可是奶奶总是给我冲两个，谎称是一个鸡蛋打了两次才打破，这个谎言可一点儿也不高明。其实我明白奶奶的一片苦心：她是看我每天学习这么用功担心我营养不良。这也是我从小和奶奶特别亲的缘故，虽然奶奶已经去世多年，但一想起她，我总是忍不住眼含热泪。

奶奶每年都会去外地姑姑家住一段时间，奶奶不在家，我就回自己家住。母亲早上经常睡过头，当我到点走的时候，如果馒头还不热，我要么不吃，要么拿着凉馒头就上路，利用路上的时间吃馒头，到了学校，馒头也吃完了。为这事母亲总唠叨我，说路上吃东西凉风灌进肚子里容易生病，可我宁愿不吃也不会晚几分钟走。后来，母亲也习惯早起了。有时候到了学校，教室不开门，我们几个早到的，会自觉拿出书来学习。

到了初三，按照要求我们开始住校。那时候学校条件很差，十几个女学生住在一间大教室里。夏天有蚊子就挂蚊帐，冬天不生暖气，大家挤在一个大通铺上取暖。放了自习后都是在教室里多学会儿才回宿舍，有时候回到宿舍还会点起煤油灯再学一会儿。

冬天特别冷的时候，老师就让班里本村有条件的同学，带一个关系好的同学回家住，这样做，既帮助了同学，还有利于一起复习功课。我住在了好朋友杨吉燕的家里。在同学家住的那段时间很美好，不仅减轻了来回奔波的辛苦，每天放学上学还有个伴。每天下了晚自习，我俩挎着胳膊一块儿走着回家，她妈妈每次都会给我们留饭，让我们吃一点再睡，我俩吃完东西还会再学一会儿。转过年来天气暖和了，天也长了，同学们便陆续回学校住了，虽然吉燕和她妈妈极力挽留我，但我还是回到了学校。

那时候，父母从不过问我的学习，但我学习非常用功。后来经常会想：那时的动力来自哪里呢？可能那时候年龄小、思想单纯吧？好像除了学习，也没其他事可干，或者只是为了证明自己。我想，在一个信息发达的社会，作为孩子，还是应该简单一些。爱好太多，自然分心就多，有多少孩子能抵抗形形色色的诱惑呢？因此，家长在这方面的引导尤为重要。再者我们还是要给孩子灌输一种观念：在一定的阶段，学习就是最重要的任务，这是自己对自己负责。

至今我都感谢我的母校，它是那样温暖、那样卓越，虽然它仅仅是一所村办中学。在上初中前，我从各个渠道已经获悉它的教育质量很好，上初中后，我更是接触到许多从附近学校转来的同学。梅贻琦说："大学者，非大楼之谓也，乃大师之谓也。"我觉得这句话同样适合于小学和初中。一所学校质量如何、文化如何、氛围如何，最终看的是老师。当时的那些同学就是冲着那儿的老师来的，或者说就是冲着那些优秀的老师创造的声誉来的。比如教化学的李太信老师、教物理的高传增老师，每年区里考试他们教的班级都是镇上第一名。而我对部分老师也是印象深刻，感激不尽。

现在，教育如何实行必要的惩戒，始终是个话题，持什么观点的都有。在我的理解中，对犯错的孩子进行一定的、合理的惩戒，不是可有可无的，至少会让他们清楚地认识到，什么事情应该做，什么事情不应该做；至少让他们意识到做事有一个尺度和底线；至少让他们知道做错事就必须付出代价。这样成长起来的孩子，才是能禁受得住挫折的孩子，也才是心理健康的孩子。

初二时遇到的教化学的李老师就是一个典型。每次上课前，他都提前到教室门口等着我们，手里提着根长木棍——那是吓唬男同学的，这一招真管用，那几个调皮的男同学，每次上化学课都乖乖的，每次期末考试我们班的化学成绩都是全镇第一。镇上的老师都问李老师有什么秘诀，李老师说我的秘诀就是一根棍子。如今想来，李老师手里的那根棍子，就是一个象征，象征着学习必须遵守的规则。它不落下，但却起到了警示的作用。那根棍子，还体现出一种高度的责任感和对每个孩子负责的精神。许多顽劣的孩子成人后都感谢当初批评过他的老师，感谢老师在他最不懂事的时候震慑了他们，将他们引向了正路。我想，李老师就是代表之一。

教数学的刘老师，身高一米八，是一个血气方刚的年轻教师。他同样敬业，哪个男生上课不听话，他也绝不客气。那时候的教育有一种风气值得今天的我们借鉴：家长不但从来不埋怨老师对孩子的批评，反而会配合老师一块儿批评教育孩子。这种另一种意义上的“家校共建”促使许多孩子改正了错误，向着良性的方向发展。一个从来没有挨过批评的孩子将来如何适应社会？一个一点儿批评都承受不了的孩子如何拥有健康的心理？一个什么挫折都接受不了的孩子如何学会坚强？这都是今天作为教育工作者的我们应该思考的问题。

教物理的高老师，和李老师年龄相仿，都是民师毕业，三四十岁，年富力强，经验丰富，热爱工作，关心学生。他的教学成绩也是镇上一流的。他的一句口头语“万变不离其宗”，我至今记忆犹新。他会说，物理其实不难，只要你道理懂了，无论题型多么灵活多变，都离不开课本，离不开公式。这样看似朴素的话，却恰恰道出了学习的根本所在。什么叫课本？就是上课之本。课本熟了，作业自然简单了。如果不引导学生阅读、钻研课本，只是一味地刷题，那就是舍本逐末，肯定事倍功半。我想，我的老师都非常优秀，原因就在这里——他们对自己所教授的学科有科学的认识，能够充分驾驭这门学科。

真应了“严肃活泼”这个词语的内涵，初中三年的学习就带有类似的特点。毫无疑问，初中的课程比小学加多、加深了许多，许多课程都考验学生的现代科学思维。但并非就没有随之而来的趣味横生，尤其在英语学习上。

我们都是初一才开始接触英语的，当时给我们上英语课的是高中毕业的姜传营老师。在信息并不发达的背景之下，第一次接触英语，感到很好玩，尤其是姜老师教发音的时候，同学们都会忍不住偷偷地笑。没有其他学习资料和工具，拼读单词是个难点，那些对于说惯了汉语的我们来说极为奇怪的发音我们总是记不住，这就有了相关的“发明创造”：我们往往都在单词的下面用汉语标出它的发音，比如，兄弟“brother”，我们会标上“补袜子”；家庭“family”，我们会标上“饭没来”……这些标注，显然打着我们生活和年龄的印记。下课后，看看同学们的英语课本，单词标注五花八门，大家互相传看，彼此欣赏，常常因为这个笑得肚子疼。每当老师提问时，我们就用汉语的发音来回答。而我的英语成绩从来都是班级前五名。

音乐课也很有意思，全校就一个音乐老师，那咿咿呀呀的声音总会引得我们这些“少见多怪”的学生发笑。每当哪个班上音乐课，校园里就会响起音乐老师教唱“哆来咪发嗦啦西哆”的声音。小学上音乐课，老师都是直接教唱歌，现在却反复练习“哆来咪”，导致我们一听到这个声音，就会知道哪个班又上音乐课了。

所有这些，都是由当时的环境造成的。一方面，那时的教育设施相对比较落后，初中与小学相比，课程、教法发生了很大的变化；另一方面，我们从小都在农村上学，许多事情带给我们的是一种新奇好玩的感觉。

初中三年，我的成绩一直处于年级前列，曾获全镇数学竞赛第一名，是老师眼中的好学生。我沿着固定的轨道无意识地向前，一心一意地学习，至于未来，似乎是很遥远的事情，完全不放在心上。而一件改变我人生轨迹或者说决定我终身职业的事情，则悄悄地降临在了我的头上。

初中期满，可以报考中专。什么是中专？考上中专意味着什么？我没有任何明确的概念。班主任韩志发老师让我们回家和家长商量报志愿，我回家后有没有和父母说过，我的父母有没有给我指明方向，我都没有任何印象了。只记得韩老师和我说：“你报师范吧，女孩子当个老师不错。”

我是韩老师的课代表，就像平时接受他所布置的任务一样，我没有任何想法，只是听话地点了点头。这个点头，决定了我的一生。

对待中专考试，就像以往的考试一样，我很坦然，没有丝毫紧张。当时学校用大巴车拉着学生们一块儿到城里参加考试，七月份正是天热的时候，带队老师特别操心，特别负责，为了让我们休息好，晚上不睡给我们打蚊子。当时有的同学紧张得睡不着，我却像个小傻瓜一样，照样一觉到天明。考完试后，也不去想结果，安静地在家一边干活，一边等成绩。

直到某天中午，在镇上教书的克军老师到我家给父母报喜，说我考了全镇第一。当时，我就在母亲身边，听到后也没有特别兴奋，总觉得这是自然而然的事情。这就意味着我顺利地进入师范并且将来要做老师了。

第四节 师范赐予的财富

至今都非常怀念和感激三年的师范生活。那个温馨和暖的地方，教给了我许多东西，使我真正地感受到了汲取知识、学习才艺是一件多么快乐的事，而它的独特魅力影响了我的一生。

1989 年 9 月，在没有家长陪伴的情况下，我到师范报到。当时学校分为两个校区，七个普师班在主校区，三个美术班在东校区，全校一共五百余名学生。

当时普师班各方面的要求基本上还是和初中一样，纪律、卫生、班级管理等方面都安排得特别细致，普师班学生都是十六七岁的农村孩子，是从各个学校选拔出来的优秀学生，既遵守规定又学习认真，因此学校学习氛围非常好。

师范的课程设置相比初中显得更为丰富，也更为规范。音乐、美术、体育都是专职教师任教，而且他们都是大学毕业。那些老师的水平都很高，敬业精神都很强，教学方法也很科学，自上学以来我第一次正式接触这些学科，真的开了眼界，受益匪浅。

记得当时的美术教师是何谷老师。何老师教我们水粉画。第一堂课，光看教具就一大堆，各种大小不一的画笔、调色盒、颜料、画架、画板、洗笔桶等，那阵势我可从没见过，都不知道怎么用。只见何老师娴熟地一边讲解一边在画板上涂抹，不一会儿，一幅漂亮的水粉画就展现在了我们面前。当时同学们都太佩服何老师了，感觉他就是艺术大师。每节美术课何老师都会留给我们练习作画的时间，每到这个时候，同学们都手忙脚乱的。水粉颜色有很多，但是作画往往需要的颜色会更多，这时候就需要按照老师教的方法现场调制，加点水稀释或者按颜色比例调配。班里大多都是零基础，虽然是师范生，但其实连现在幼儿园孩子的水平都不如，一般忙活半天，画出来的画却不忍直视。只有几个有基础的学生会得到何老师的表扬，其中就有颜诺同学，她初中时曾经学过美术，所以她的作业每次都是优，是我们学习的榜样。我虽然自始至终水平不高，但也一直很认真地在学，收获也是有的：一方面懂得了水粉画的画法；另一方面也在欣赏那些不同画作的过程中，提高了艺术鉴赏能力。

音乐老师徐建是个全才，教我们声乐和舞蹈。她教学扎实，要求也严。我从来没有接受过这方面的系统训练，所以感觉视唱练耳有点难。在那个过程中，音准和节奏必须把握好。徐老师会让我们一起唱，然后她支着耳朵听，哪里音不准就走过去凑到那里继续听。往往徐老师往哪边走，哪边的同学就紧张。每次视唱练耳，徐老师总会逮住几个音不准的，大多都是男同学，所以，男同学最害怕上视唱练耳课。徐老师还要求必须学会读谱，而且节拍要准。我至今还记得徐老师上课的样子，她是那样专注，那样用心，对每一个细节都非常重视，对每一个学生都严格要求，我们从中学到了许多超乎音乐范畴的东西。

师范最后一年，我们选科分班，美术、音乐任选一科，集中一年练习特长。我选择了音乐。一年的音乐学习，让我体验到了艺术之美，同时也让我懂得音乐并非唱唱跳跳那么简单，要想学好同样需要下苦功，每一门学科要想登堂入室都不容易。那时我们一开始弹新曲目，老师就让我们右手弹旋律，左手弹伴奏，实际弹起来往往左右手配合不起来，顾了左手忘了右手，顾了右手忘了左手。我们就按照老师说的“先分再合，左右手单独练熟后再合起来弹”。对于初学者来说，最难的是两手的协调性，一小节一小节地练习，弹会一首新曲目往往需要好几天的时间，真正弹熟练得两周到一个月。这个似乎与小脑发达不发达没有关系，需要的是节奏和时间，好的节奏感是双手协调的重要条件，加上苦练才能把曲子弹得更加连贯。弹曲子一开始是最痛苦的，两只手的协调能力让我十分苦恼。记得每间琴房里就两架琴，有的学生很刻苦，一练就是一下午，周末不回家就在琴房练琴，只要抢到琴一般都不舍得走，直到把曲子从头到尾通下来一遍才罢休，我也如此。当一首曲子弹熟练以后，谱子都背得滚瓜烂熟，弹起来也连贯了，到这种地步，往往自己都会被自己陶醉，感觉自己就是一位钢琴大师，练习时的烦闷一扫而光，只剩下弹琴的快乐。

音体美课程让我大开眼界，学到了许多技艺，普通话、书法和演讲课程同样如此。对我，这些学科的重要性超过了文化课。教书法的于振令老师，是一位老教师，他的书法十分了得，他教我们写的是柳体，由于我们都是零基础，于老师就从怎么握笔，到怎样起笔、运笔，一点一点地教我们。对于我们这些农村孩子来说，这都是新的领域。写得特别好的，老师会给圈两个红圈，写得还行的圈一个红圈，我属于写得比较好的，老师说我的字间架结构比较好，作业经常能得两个红圈。这种表扬也提高了我的兴趣，于是我有空就练习。哪怕暑假，也总是在家里桌子上练习毛笔字。也就是那时候，我对书法产生了兴趣，工作后得空就写上几笔，不求写得多好，只是一种习惯。

普通话对于我们来说，更是一门新学科。在这之前，根本不知道啥是普通话，更想不到普通话会成为一门学科。当时教普通话的老师叫魏德全，是一个女老师，她的普通话非常好，她不仅要求我们课堂上要用普通话，课下和同学交流也要用普通话。一开始我们都不好意思说，渐渐地，说得多了，也就说开了，说得不标准谁也不笑话谁，都抱着一种良好的学习心态。

学校成立了舞蹈队，又高又瘦的我自然被选了进去。这同样是一种严肃而有味的学习。每天早上6点集合练习基本功，徐老师教导我们，基本功是学舞蹈的根本，必须坚持训练。踢腿、压腿、下叉、下腰、开胯等，一样不落，标准又高，我的柔韧度好，都能达到老师的要求。每逢重大节日或者庆祝活动，会有各种演出，这个时候，器乐队、合唱队、舞蹈队都要上台演节目，展示平日训练的成果。我们的舞蹈永远是保留节目，《歌声与微笑》《洗衣歌》《七绝·为女民兵题照》等，都是那时候演出的节目，在学校大礼堂参加演出的场景我至今还记忆犹新。每次演出之前，化妆是必需的，在这个时候，音乐老师会一改往日训练时的严厉口气，一边给我们化妆，一边和我们聊天，问这问那，十分亲切。

从小除了学习，没有学过什么特长，经过三年有滋有味的师范生活，我学会了写毛笔字、跳舞、弹手风琴，这都是很开心的事情。每次演出后，老师都送给我们一张演出的照片，我拿回家给家人炫耀，母亲就放到相册里保存起来，现在那些照片应该还在母亲家的橱子里放着。

对于三年的师范学习，我一直抱着由衷的感激之情。现在理性地来看，那时候的师范教育是非常成功的。归根结底，那种教育的目的非常单纯，就是培养小学教师。所以，当一切以此为出发点的时候，就是作为一名小学老师需要什么样的技能和才艺，那么，学校就来教会你这些东西。你歌唱得非常标准能怎样，能把那些才接触音乐的孩子教得非常标准；你舞跳得非常优美能怎样，能把那些才接触舞蹈的孩子教得非常优秀。其他各项“本领”亦是如此。尤其书法，刚上学的孩子根本谈不上什么字形，那么，当你以一笔漂亮的字体出现在他们的面前会如何呢？他们耳濡目染，肯定是有样学样，那字当然就写好了。小学老师，不需要过于高深的知识，需要的是满足教育孩子的需求，那就是多才多艺，样样精通。

而这样做的结果，则直接带来了另一个好处，直接影响到我们的一生。一个音乐、美术、舞蹈、书法都有所涉猎的人会是什么样的？他势必是一个热爱生活、富有情趣的人。哪怕他烦闷的时候，他也可以借助这些特长来加以排解，从而得到安慰。而且在学校，他组织节目得心应手，他进行表演毫无问题，所有这些，都会提升他的工作热情。

我当时明确地意识到，毕业后是要当老师的。当这个概念种在我心里时，我看那些老师就与上小学和初中时看他们的角度不一样了。他们的认真负责，他们的爱岗敬业，他们的关怀照顾，都直接影响了我。那是由一群优秀的老师组成的优秀群体，他们为教育事业作出了巨大的贡献。而我也愿意成为其中的一分子。

到后来，还是略微有点后悔。那是多么美好的学习时光啊，那是多么难得的学习场所啊，如果再多学点特长该是多么好的一件事。凡有所学，必有其用。真的希望现在的老师也好、学生也好，能在学习的最佳阶段，尽量地多学一点终生受用的东西。

师范的最后一个学期，我们开始实习。我们的实习带队老师是徐延堂。他先带我们到寒亭河西小学跟岗学习。每个人固定跟一位教师，听课、评课，给结对老师代班、批作业，一周以后再换学科，语文、数学都听。自己上学的经历仿佛就在昨天，可转眼之间就换了一个身份，是那些孩子眼里的老师了，是那些领导和老师眼里未来的老师了。对于神圣的实习，我们是非常认真的。跟岗一段时间以后，徐老师让我们每人准备一节课，到班里讲课。我们从学校借来教材，对着大纲、参考书认真地备课，备出来以后给徐老师审，审完以后再互相说给同学听。上课之前，我对着教室的墙壁把教案里的每句话从头到尾自问自答一遍，直到背过为止。正式上课时，徐老师、班主任坐在教室后面，看到一双双眼睛盯着自己，我紧张得手心都出汗了。讲课过程和自己预想的不一样，纯粹是由经验决定的，当学生回答的和自己想的不一样时，不知道该怎么圆场，事先背得很熟的教案，一紧张居然忘了，需要不停地低头看，平生第一节课，我只感到脸上火辣辣的。幸好五年级的学生已经都很会看事了，并且还有班主任现场压阵，学生听得还算认真。

从那时起，我就知道，上课可以预设，但也同样注重生成。如何对待生成，考验着一位老师的意识和能力。也是从那时起，我深深地认识到，上课是一门艺术，需要不断地去思考、去探索、去完善。

第二章 涉足杏苑的璎珞

每个人的经历，都显现于不断的细微变化中。那些曾经走过的路，并没有消失，它悄悄地隐伏下来，在不经意中呈现，并且决定了这个人的思考方式和行为方式。我们需要做的，就是正确地面对过程转换中扮演的一个个不同的角色，用心，用力，生命便会焕发出不一样的光彩。

第一节 带着热情出发

师范毕业时我十九岁，被安排到实验小学教一年级两个班的数学课。过去的时光仿佛就在眼前，我还没有从学生的角色真正转变过来，就成了一位名副其实的老师。在那些幼小的孩子的心目中，我是他们神圣的老师，而我回观自己，却还没有完全认同教师这个角色，从学校走向社会，需要有一个较长的思想转变过程。

那时毫无社会经验，从师范毕业到学校，似乎只是绕了一个弯又回到了原点。而教育教学工作有一个突出的特点，那就是简单。这也符合我那时的心性：只要按部就班地做好属于自己的事情就可以了。

许多老师回忆起刚走上讲台的经历，嘴角都会不由自主地浮现出一抹微笑。那时的自己，热情有余，却缺乏经验；精力旺盛，却章法不足。在远没有适应的情况下，就多了一种新奇的感受。

刚踏上讲台那段时间，我常常因为孩子们在课堂上的那些天真行为而忍俊不禁，可又怕破坏了自己在孩子们心中的教师形象，还担心影响教学秩序，总是努力压抑自己，有时实在控制不了，就立马转身面向黑板，借助板书让自己冷静下来。

现在想来，无论保持什么表情，对于孩子们来说都是严肃的。他们就像一张白纸，在进入学校之后，仍然保有那份纯洁、那份幼稚。他们毫不掩饰，也不会掩饰，所以一旦表现出来，对我这个心性还不成熟的老师就形成了冲击。

比如，有孩子站起来说："老师，×× 说你像他妈妈。"有孩子举手说："老师，我要上厕所。""报告老师，刚才 ×× 上课说话……"所有这些，在于他们都是认真的，他们觉得这就是关系到他们的最大的事，自然地就想要与老师分享，或者希望老师解决。如果处理不当，孩子可能会受到挫折，从而影响正常成长。

这些形形色色的表现，放在任何时候的一年级都是如此。如果换成其他老师，可能就简单处理了——他们已经见怪不怪了。可放到当年我这个大孩子的身上，就不一样了。那一刻，我忘记了自己的童年是怎么度过的，也忘记了当时是不是有类似的表现、老师又是怎么处理的。我只是感到孩子们特别好玩，特别可爱：那一本正经的表情，在引起我满心疼爱的同时，也总是让我克制半天才忍住不笑。今天想来，那个忍耐的过程，却也恰恰是走近他们、观察他们、了解他们的过程。有这个过程和没这个过程是有很大不同的。

课下，孩子们更是好玩，总是围着我问这问那，有抱着我腿的，有搂着我腰的。有个孩子直言不讳地说："老师，你像我妈妈。"是讨好我还是真实的表达，我不去想，在觉得他们好玩的同时，我生出一种由衷的愉悦、一种高尚的情愫。他们还会把早上带来的小零食分给我，直接用小手拿着饼干、糖送到我嘴里，每每遇到这种情况，我总不好拒绝他们的好意，一一笑纳。看到他们满足而欣悦的表情，我的心田总有一股暖流流过——原来这就是老师！我在上课、在教学，却也是在学习，学习与孩子接触，学习付出我的爱的同时也接纳来自他们的爱。在彼此的交汇中，我们共同成长。

初涉杏坛最令人回味无穷的，还是家访。在那些日子里，家访基本上是一种常态、一种习惯。

下班后，只要天气好，我和搭班老师就去家访，有时是下午放学后，有时是晚上。那是非常开心、让我收获巨大的事情，我发自内心，自觉自愿地想走进孩子的家庭环境，不带其他任何目的。

记得一天下午放学后，我和武老师到孙同学家去家访。他家住在北宫小区，途经菜市场。我们到了小区，按照楼牌号来到他家门口，楼下正好有个中年人在割玻璃，一问，正好是孙同学的爸爸。他领着我们进了他家，孙同学正认真地趴在桌子上写作业，他爸爸说："你们来得正好，刚才孩子有道数学题不会，问我，我也不会，麻烦老师给他讲讲吧。"我立马从他爸爸手中接过凳子坐下，我拿过练习册一看，很多不会做空着的题。我逐个给他做了耐心的讲解，直到他全做对为止。虽然他一直默不作声，但我能感受到他内心的喜悦和感激，这也是他上学以来第一次作业全对。家访回来的路上，我忽然有点心酸和自责：平日里对孙同学的批评有点多，这个孩子不爱说话，很少与同学交流，知识掌握得有点慢，最让人头痛的是经常完不成作业。可今天到家里一看，我找到了他完不成作业的根源——自己不会做，家长帮不上忙，他能怎么办？从那以后，每次放学我都让他在学校写完作业再回家，让他遇到不会的题可以随时找我。

记得去陈同学家家访是晚上，当时的搭班是丁严峻老师。陈同学家住北关村，陈同学的爸爸接待的我俩，他跟我们说："儿子是家中老二，还有个姐姐已经毕业，我们做父母的没文化，平日工作又忙，没时间管，管他也不听，平日的学习都是姐姐管。"每次走访，我们都能找到孩子不愿学习或学习成绩差强人意的原因。苏联著名教育学家苏霍姆林斯基在《给教师的一百条建议》一书中，曾把儿童比作一块大理石。他说，这块大理石塑造成一座雕塑需要六位雕塑家：家庭、学校、儿童所在的集体、儿童本人、书籍、偶然出现的因素。从排列顺序上来看，家庭被列在了首位，由此可以看出家庭在儿童教育中有着举足轻重的地位。

和仇老师搭班时，还遇到一个姓王的女同学，她是个让我们费脑筋的"人物"。那时候我是班主任。学校在西院区，王同学经常从附近小商店里赊东西吃，从电话亭里免费给我们拿书看，骑的自行车也不知从哪儿借来的，她是个交际能手，可就是学习不开窍，考试从没上过两位数。从她家家访回来，我们找到了问题的根源。她妈妈不懂怎么教育孩子，一味撒手不管，甚至将孩子学习不好的原因归结为起的名字不好，真令人哭笑不得。

学困生要家访，学优生也家访。小宋是个非常优秀的学生，成绩好，懂礼貌，演讲好，舞跳得也好。下午放学后，我和仇老师去她家家访，当时她父母都在家，她妈妈把孩子平日在家的表现、晚上写作业的情况一一告诉我们："平日在家做家务活很勤快；放学回家先写作业，就是有点粗心；喜欢舞蹈但不是很刻苦；我们总是鼓励她、教育她，不付出哪有收获……"

家访，让我深深意识到家庭因素对孩子成长的重要性，孩子在学校有不同的表现，这些表现都有根源，这个根源就是家庭。而这一点，很多为人父母者并没有意识到。而我非常希望自己成为一个唤醒家长教育意识、教给家长教育方法的那个人。记得当时，我买了刘良华的《发现母亲》一书，看完以后，做了十几页的笔记，每次家长会，我都会给家长推荐这本书，并且不厌其烦地讲家庭教育的重要性，试图改变他们的教育理念。教育，只从表象入手是不行的。

从那时我就认识到，父母就是孩子的影子，父母对孩子的教育至关重要，家庭教育是孩子成长的根，孩子成长的路上，老师只是一个见证孩子成长的过客。良好的家庭教育，不仅关系到学习，还关系到孩子性格的养成。这就是现在国家倡导家校共育的原因所在，要了解一个孩子，必须了解他的来处；同时，利用不同的方式教育家长，也应该是学校的任务之一。

除了与孩子们开始接触的新鲜感，除了家访时对孩子们家庭情况的了解，最快乐的，莫过于工作伊始的单身生活了。

刚毕业时，学校给我们安排了集体宿舍，我们一块儿毕业入校的住一个宿舍。那时候娱乐活动少，晚上基本都是在办公室备课、看书、整理教案，那时候备课都是手写，一摞摞书写认真的备课本、习题集锦见证着我们的辛勤付出，后来搬家看着一摞摞的备课本、听课本、习题集锦，我心中真是感慨万千。当时走廊里有一架脚踏风琴，这架风琴就成了晚上的娱乐工具，师范最后一年练的几首曲子都背得滚瓜烂熟，我总会去弹上那么十几分钟。弹完以后，到办公室备备课、做做教具，偶尔还会练练毛笔字。记得有一天，我在办公室练毛笔字，清楚地记得写的内容是："宝剑锋从磨砺出，梅花香自苦寒来。"拿着写好的字，正在自我欣赏时，比我早一年毕业的孙老师进来了，他问我："刚才是你在弹琴？"我说："是啊。""这是你写的字？""是啊！"他表扬了我几句，我听得心里美滋滋的。

有时候，我们还会串门，当时学校有三个女教师宿舍，每当周末舍友们回家，我就到东宿舍和别的女教师同住。东宿舍是我爱去的地方，舍友都是87级的学姐，不仅爱看书，还会对书中人物大加评论，有时候意见一致，有时候意见不同还会讨论、辩论，高兴时哈哈大笑，伤心时一起哀叹，那种感觉我非常喜欢。记得有一次，他们谈论钱锺书的《围城》，主人公方鸿渐这个角色自然是大家谈论的焦点，他回国以后的那场演讲，还有与孙柔嘉、唐晓芙、苏文纨恋爱的细节和心理状态，都成了大家讨论的热点，我这个听众偶尔也发

表一下见解。跟着她们，我还学会了织毛衣。彼此来往的过程，也是知识、技能、思想收获的过程。那时候的宿舍生活真好！

后来，学校校舍紧张，宿舍渐渐地都取消了。

就在那段时间里，我慢慢地适应着工作和生活，我学会了俯下身子和孩子对话，倾听他们稚嫩的话语，解决他们细小的问题；我学会了辩证地聆听家长的倾诉，聆听他们带孩子的辛苦和不易，聆听他们对孩子的期望和希冀；我学会了用心探索教学这一门艺术，努力地提升自己；我学会了将以往习得的本领予以提升，从中体会它们对我工作的益处。而我最大的感受，就是要永远地拥有事业的热情，由热情能生发出对教育和孩子们的爱，由热情能迸发出无限的活力和希望，由热情能让一个人利用各种各样的机会获得成长，哪怕后来日益变得成熟，这种热情也不能丢。

第二节　生命的历练

作为一位老师，刚走上工作岗位的几年，在我的理解中，就是摸爬滚打的几年。敬业精神是必需的，向有丰富经验的教师学习是必需的，自己阅读思考也是必需的。那个过程，是充分历练一个人的过程。有了那个过程中交织的甘甜与幸福、辛劳与痛苦，经过反思省察，矫正提高，才成长为一名成熟的老师。

当时自然没有这方面的自觉意识，应该是出于对工作的热爱，应该是出于从小到大的好强，凡事总是坚持多做一些、精做一些，力求将事情做得完美，做得至少让自己心满意足，不留遗憾。

几年单身生活结束后，我于 1997 年结了婚。在学校附近的曹家巷租房子居住。虽然已经有四五年的教龄，但对于教学，却日益生出一种最初不曾有过的敬畏感。我知道一节课意味着什么，也知道一句看似不经意的话意味着什么，因此，我把备课看得极重，经常会在晚上加班备课，尤其遇到公开课，就格外精心，生怕出现什么问题。当时，在客厅地上放个垫子，在茶几上一备课就到半夜。开始，丈夫对教师这一行业不太了解，认为就是哄孩子，直到目睹我的辛苦，才明白原来一位看似不起眼的小学老师的工作是这样的不易。

记得当时遇到一件“大事”——区里要选拔“全国学具优质课”，我在选拔之列，学校对我很有信心，我个人也非常重视这次选拔。为了入选，那些天我天天加班备课、试讲、改教案。这是一次充分锻炼自己的机会，我反复换班试讲，反复修改教案，每个环节、每项活动、每句话都尽量设计得完美。在磨课过程中，提升自己对教材的把握、对教学的理解。毋庸置疑，磨课是提升教师专业成长的一条捷径。

前前后后忙了许久，总算准备得差不多了，心里的那块石头也终于放了下来。就在上级领导到校听课选拔的头一天，晚上和丈夫出去吃辣子鸡，过了一把瘾。不料这一顿饭吃出了问题，第二天嗓子居然哑得说不出话，声音嘶哑得难听。高校长知道情况后，急得不行，她以为我是压力大上了火，却不知道是辣子鸡惹的祸，我也不敢告诉她，只是懊恼得不行——后悔不该还没讲完课就放纵自己，只顾着享受美食。当天区里装备中心王站长带领市区教研室部门领导来听课，结果可想而知。为此，我难过得哭了好几天。

人，有的时候需要的就是一种精神，这种精神看似不显山不露水，却从日常的平凡小事上表现了出来。工作之后，我见过许多这样的老师。他们很辛苦、很劳累，但却从来不挂在嘴上，就是一如既往地做着自己的本职工作，我无形中也受到他们的影响。1998 年我怀孕后，预产期是 5 月 11 日，按理说五一假期后就应该休假，但我没有。我一直担任班主任干到最后一天，其间无论身体反应多么厉害，从没请过一天假。产假正好是在暑假里，国庆节假期结束我就上班了。

上班时，儿子刚五个多月。婆婆从老家临朐雇了一个十六岁的小姑娘来帮忙照看孩子。大孩看小孩，儿子常常今天脸上破个皮，明天头上起个包，她给儿子喂饭，常常把儿子烫得直哭，烫起个泡好几天好不了……这样的例子举不胜举。我只好把八十二岁的奶奶接来家里，虽然奶奶下不来楼，但平日里总算多了一个看护的人，可以提醒教导一下。那个阶段，既要忙工作，又要顾孩子，真是忙得脚不沾地。

等儿子一岁断奶后，我们就把保姆和孩子一块儿送回了老家。孩子回老家，我也省心了，平日里上班也不用分心，加班也不用再有所顾忌。只不过，每次回老家，都要和儿子经历一场“生离死别”。

后来走上管理岗位，遇到了许多事情。往往在那时，我会条件反射似的回想起最初工作的那几年，“你在为谁工作”的念头总会不期然地升上心头。

说到底，还是在为自己工作。工作踏踏实实，百般付出，不辞辛劳，不计较个人得失的人，表面上看上去好像有所失，实际上得大于失。有了工作，精神才有寄托，时光对于我们才有意义，人生才得以丰富充盈，而我们才同样拥有了获得成就感的机会。人的一生，要始终处于一种不断成长的态势，这种态势让人能对自己满意，从而拥有幸福感。工作越多，一个人得到锻炼的机会就越多，把工作当负担的人是永远不会有这种感受的。如果在干工作时总是想“为什么我干得比她多”“什么这个荣誉落不到我身上”，那么心理自然就失衡了，整个天空也变得灰暗了。

刚参加工作的那几年，可以说是塑造自己的几年。那个时候的不怕苦与累，直接关系到后来能攀多高、能走多远。而同样使我感激莫名的，则是我遇到了几个关键的人。

有一天，我开车上班，听到收音机里讲的一个小故事，我马上就想到了当时的环境。

故事是这样的：一个小孩儿去海洋博物馆参观，看到一条大鲨鱼游来游去，于是就问工作人员：“阿姨，这个大鲨鱼能长多大？”工作人员说：“这要看你把它放在哪里了。如果放在大海里，它可以长到一口吞下一头狮子！如果放在水族箱里，就不一样了，环境不同嘛。”回首往昔，真的是这样。一个人的成长，往往与环境息息相关，环境决定一个人的思想和态度。处于一个积极进取的环境，你就会积极地面对人生，勇敢地面对挫折和困难；处于一个消极的环境，你可能就会不思进取，对生活失去信心与勇气……

同时，当环境不能改变时，要勇于改变自己，不能被环境左右。要用自己的思想去适应环境、去左右环境。这样，才不会失去生命的方向，才能拥有一片广阔的“水域”。

作为新教师，非常幸运的是，刚毕业的那几年里遇到了促我成长的导师，我一直和张呈峰老师一个办公室，当时她已小有名气，数学课讲得很棒，经常讲市区公开课，近水楼台先得月，平日里我自然受她的影响和帮助特别多。

记得当时张老师参加市教学能手评选，课题不定，只给范围，那段时间，她一有空就备课、做教具、试讲，有时候晚上忙到很晚。那种敬业的精神实在让我钦佩。那时候我还住单身宿舍，目睹了她准备的全过程。她对每一个环节都非常重视，对每一个细节都不放过，兢兢业业，一丝不苟。无论你怎么看，她的身上都闪烁着美丽的光晕。我给她打下手，那时没有 PPT 课件，都是手工制作教具，讲“连加连减”这一课时，她用透明塑料卡纸做成抽拉式幻灯片，放到老式投影仪上演示给孩子们看，还用白色纸壳做算式卡片等。制作这些，她都极为认真细致，一点儿也不马虎。她的每一次试讲，我都参与听课。拥有这种机会真是一种幸运，我从中学到了许多课本上学不到的东西。张老师对我从不保留，总是发自内心地指导我。也就是在那时，我俩建立了深厚的友谊，她既是我的导师，又是我的益友。

那时高登秀校长是学校的业务校长，因为业务棒，威望很高。她很重视对年轻教师的培养，每次听完课，都会给予我们认真的指导。

那些成长路上碰到的人，对于自己很重要。就我而言，我所碰到的老师，不但教学能力很强，而且热心周到；不但有着自己多方面的长处，而且爱岗敬业。所有这些品质形成的良好氛围，就是一个五彩缤纷的园林，随便采摘一朵，都散发着馥郁的香气。

1996 年，我代表学校承担了全区数学公开课的讲课任务，当时一共展示三节课，其中和平路小学一节、市实验小学一节。我讲的是一年级的“20 以内的退位减法”，第一次讲区级公开课一点把握也没有，而高校长却胸有成竹，她自信地对我说“放心，咱讲得一定是最好的”。那时，我可真不知道她哪来那么大的自信。

讲课那天，高校长带我来到市实验小学。因为我是第二个讲，第一节课讲到一半，我就来到走廊上等着，在等待的时间里，我紧张得似乎能够听到自己心脏跳动的声音。这种感觉其实蛮好的，虽然有点紧张但却没有压力。高校长生怕我紧张，就和我聊天。她对我说，讲课要从容自如，不用想多余的问题，在讲课时，你的眼里只有学生，没有听众。那天的听课领导和老师挤满了礼堂，而我的眼里真的只有学生。随着一声“下课”，老师们的掌声响起以后，我才看清台下一个个熟悉的身影。课讲得非常顺利，高校长比我还高兴！这次公开课以后，参加各级各类的讲课活动成了我的家常便饭，这也加快了我的成长步伐。两年后我被评为区数学教学能手，四年后被评为市级教学能手。

自然，成长期间接纳的阳光不仅限于学校，还有外面的“取经”。那时虽然学校经费紧张，但是对教师的外出学习却从不吝啬。那几年，我经常外出听课，每一次外出学习，对自己都是一次提升，既开阔了眼界又汲取了经验，既增长了见识又习得了方法。印象最深的就是刚毕业那会儿，学校派我和梁老师到青岛参加全国单列市优质课听课活动。那次规格很高，全国数学精英齐聚青岛，深圳的黄爱华获得了第一名，忘了讲的是什么课，只记着他讲完以后，会场响起了雷鸣般的掌声。现在的黄爱华已经是全国优秀教师、深圳市十大杰出青年、广东省特级教师。那次外出学习为我打开了一个新的世界，也让我对自己的工作有了新的认知，要想看得远就得站得高，只有以高标准来要求自己，才有一个更为美好的未来。

第三节 体验角色的转换

人在生活中要扮演不同的角色，就老师而言，负责授课，担任班主任，这是职业角色；当处于管理岗位，需承担管理工作，这是领导角色；作为家庭成员，要担负起属于自己的责任，这是家庭角色。而一个人的大部分辛劳和付出，就是为了担当好每一个角色。

2001 年 4 月，我代表潍城区参加了潍坊市优质课评选活动。市里高手云集，压力自然大了许多。备课的那段时间现在回想起来，简直是痛苦的折磨，反复修改课件，反复试讲，有时候为了一个很小的细节要研究半天，感觉体力和精力都到了极限。不过，当讲课结束得知获得了分会场第一名时，我感到一切的努力都是值得的。

这次讲课，是我专业成长的关键。我认识到，哪怕作为一名老师的日常上课，你也要给自己不同的目标和定位。当你将自己放在低处，你就永远处于那个位置；当你克服困难，勇敢面对，就是一次个人成长道路上的突破。从此，你就被注入了不一样的因子。

这一年的七月，一个不同的角色“光临”到我的头上：我们换校长了，我被调到教导处担任科研主任兼数学教研主任。

由于管理工作繁杂，事务多，难以兼顾，学校提出不再让我担任班主任，没想到这个决定引起了部分家长的不满。一天下午，几个家长到校找高校长提意见，非得让我继续任班主任，高校长只好给他们做了一下午的思想工作。

科研主任干了两年，教导主任又干了四年。每换一个角色，都面临新的任务、新的挑战。接手伊始，往往有点茫然，但也不畏惧，而是抱着多学习、多请教、勤跑腿、勤思考的态度来应对。许多的事情就是这样，当你不去做的时候，你感到心烦意乱，无从着手；当你真正干的时候，其实并没有那么困难。而每一次对困难的征服，都是一种锻炼，时间长了，就有了经验，也就驾轻就熟了。

记得刚进教导处时，高校长让我组织一个全校的数学公开课活动。这是担任管理后统筹的第一项活动，高校长做事向来一丝不苟，百忙中她和我一块儿确定活动的具体内容和讲课老师。一共三节课，分别由我和另外两位老师提供。商定之后，我按照讨论思路写了一个活动方案，高校长仔细地审核后，我开始召集两位老师开调度会，一切安排停当，我们开始分头准备。

下午临近下班，高校长问我："明天的观摩课活动准备得怎么样了？会议室用的大黑板准备好了吗？粉笔、板擦、凳子够不够？数学老师的课提前都调好了吗？她们两个准备得怎么样，你问了吗？"一连串的问题让我应接不暇。好在我都做了详细安排，自我感觉良好。

观摩活动如期举行，结果给了我一次深刻的教训。官老师和梁老师的课存在的问题较多，官老师在探究环节上没处理好，让学生牵着鼻子走，导致拖堂，当堂达成度不高；梁老师在探讨量角器的使用方法时花费的时间过多，也导致了拖堂。评课环节，大家畅所欲言，严谨的高校长也指出，教师少讲不等于不讲，学生该探究的时候探究，不该探究的时候让学生探究就是浪费时间……老师们点评热烈，一针见血。相比之下我讲的《小小设计师》获得了大家的一致好评，将两步计算应用题与春天植树相结合，让学生在解决问题的过程中，掌握两步应用题的解答方法。按理说，我应该高兴才是，可我的脸却火辣辣的。此刻我深刻地意识到：作为管理者就要考虑整体，她俩的课堂问题越多，我的责任越大，我不仅是一个讲课者，更重要的是一个管理者、组织者。作为组织者，活动的整体效果才是我的目的。那一刻，我真想找个地缝钻进去。是的，每次准备课，我都依照多年的习惯，认真备好课后，还会对着墙试讲；这次活动，作为参与者，自然心里更加重视，生怕讲砸了让老师们笑话，而作为组织者、管理者，我却没有考虑这么多，试听了两位教师的课后，给她们提出了修改意见，也没再进行二次试讲。活动结束后，我越想越多，越想越后悔，深刻地感到管理的失误，事先考虑不周，角色转变不到位。也就是自这件事以后，每次组织活动，我都把自己放在一个管理者的角度来思考问题，反复考虑细节，处处为他人着想。

什么事情都有一个适应的过程，犯错误是难免的，而反思就显得尤为重要。我曾和许多优秀的老师做过相关交流，问到他们最深刻的体验，他们都不约而同地说是反思促进了自己的成长。反思，往往不是从一己之私出发，也不在于为自己找诸多的客观原因，而恰恰是对自己不足的审视。人，就是在犯错中学习的。而在这中间，遇到一位良师是极其重要的，他会教给你考虑问题的方式，给你提示和暗示，让你于润物无声中得到提升。高校长就是这样一位领导，我一直感激她。

回首过去，我一直觉得有两个方面促使自己快速成长，一个是学校其乐融融的工作氛围，这对于年轻教师的意义是极为重大的；另一个就是领导的热心帮助与指导，他们从不藏私，有经验、有心得就拿出来分享，遇到什么问题就热心地帮助解答。另外，加上个人的努力，就有了一步一个台阶的提高。

当担任管理者后，我更加意识到这一点：青年教师是学校的生力军，青年兴则学校兴，青年强则学校强。青年教师有责任、有担当，学校就会发展，学生就有希望，实现学校的发展目标就有源源不断的强大力量。为了培养青年教师，我经常与他们交流思想、共研教材，对他们跟踪听课，引导他们走科研型道路。那些年的习惯也一直保持到了现在：无论多忙，凡是教师讲研究课，我必参与。记得 2003 年 10 月，刘加爱老师参加市优质课，当时讲的是计算课，很不容易出彩，为了让课堂有新意并取得好成绩，整个国庆节期间，我放弃了休息时间一直在学校和她研究课。7 日那天下暴雨，因为事先有约定，我依然打车来到学校和她备课。那堂课，我们不厌其烦地反复研究教材、研究课标、研究学生可能会出现的问题。讲课的头天晚上，我俩睡在一张床上，继续揣摩讲课的每一个细节。后来，刘老师成了潍坊名师、省特级教师。我成为业务校长后，她成了教导主任。多年后，每当她提起自己当年讲优质课的事，都会为自己的经历而骄傲，多次在青年教师会上讲给老师们听。现在，我俩都已离开了实验小学，而当年一起奋斗而生发的战友情，只会随着时间的流逝越来越深。

六年的教导处工作，让我懂得了怎样做一位合格的管理者，也让我懂得了管理就是奉献，就是要比别人承担更多的艰辛。那时候，高校长经常带领我们加班，有时候甚至到了晚上十一二点。记得有次晚上加班到十一点多，大雾严重到能见度不足一米，四下里白茫茫一片，仿佛到了一个混沌世界。我只好推着摩托车凭着感觉一步步往家走，到家已是十二点，累得不行，洗洗脸倒头就睡。

那几年，感觉最对不起的还是儿子。记得有一次晚上我们在教室里分学科检查作业是否有错批、漏批，有没有二次批改，每一页都要看。由于我们检查得格外仔细，一直忙到晚上十一点多。我和刘炳艳老师都带着上幼儿园的儿子，我们加班，两个孩子玩得不亦乐乎。他们用板擦沾着水桶里的水擦黑板，由于个子矮，冰凉的水顺着棉袄袖子流到衣服里、鞋子上，当时已进入 12 月，天气冷，孩子的脸蛋冻得通红。刘遵霞教师看在眼里心疼得不行，过去搂着两个孩子，一边给孩子挤棉衣上的水，一边含着眼泪训我们："你们两个当娘的，孩子还管不管啊？这么小，冻感冒了怎么办？再忙，也得管孩子啊！"我和炳艳老师这才注意到孩子那狼狈的样子，我们也心疼，可忙起来就顾不上了。

那时候，对工作从来没有丝毫的抱怨，一心扑在工作上，真不知哪来那么多的干劲，现在想想，真佩服那时候的自己！

第四节　学习，永远的主题

学校工作的特点就是按部就班、循序渐进。当你有意地去注意那么一天的时候，你会觉得它过得很慢；但当你去注意一个学期、一个学年的时候，分明又觉得它过得极快。这就是时间的辩证法。

我依然带班，依然做教务处工作，而就在这中间，几年时间就过去了。我有一个觉得还不错的习惯，就是走上一段，总会回头看看来路，检视一下自己，看看有没有什么失误，有没有什么收获。失误自然不必说，而收获则往往让我感到满意：不论怎样，我不是止步不前，我的经验在逐渐丰富，知识在不断内化，而热情却丝毫未减。而且随着教龄的增长，我对这个职业有了不同的感受，也越来越热爱这个职业。我深深地意识到，我这一生，就是教书育人的一生，一生能做几件事呢，能够力所能及地将这一件做好就不错了。因此，虽然忙忙碌碌，早出晚归，但精力贯注于工作，也就没那么多想法。后来，我看到一句话，真的符合那时的心境：一个人应该有一个让自己使力的方向，让他魂梦系之。做好自己的事，不怨天，不尤人，不苛求，期望自己该期望的，比如一个孩子的健康、一位老师的成长，一切顺其自然，这样，就有了精神上的寄托，也有了时光中的慰藉。

但让我没想到的一项任命还是落到了我的肩上。2007 年暑假的一天，滕校长让我到她办公室。轻松的谈话中间，她忽然对我说："几天前，陈局长来我校的时候，问我现在区里哪些教务主任业务比较棒，我说，'别的教务主任我不清楚，就我所知，青年路小学的李桂英、我们学校的嵇玉梅都很棒。'"我是慢热型的，事后才顿悟，这是滕校长婉转地告诉我她在局长面前推荐了我，但我当时似乎没明白她的意思，心里也只是想做好本职工作。

暑假过后，我便成了实验小学的业务校长。这一干，就是十年。这十年，发生了很多的事，所有的经历不仅提高了我的业务水平，更是丰富了我的人生阅历。

走上新的工作岗位，如何更好地开展工作，是我考虑的第一个问题。多年的教育教学，我虽然对数学教学和中层管理算得上驾轻就熟，但也渐渐地认识到自己的不足。突出的问题，就是没有上过高中、大学，工作后又一直教小学，多年下来，考虑问题也好，行为方式也好，都不知不觉中打下了它的烙印。那时候考虑的结果，就不是再像热剩饭一样将已经掌握的反复巩固，而是重新打开一个窗口，看外面的精彩世界，接纳别的思想方法。当上业务校长之后，让我捉襟见肘的瓶颈，就是理论水平不够，知识储备不足。若想达到更高的目标，若想实现理论的突破，最佳的渠道只能是读书学习。

但这对于当时的我显然非常困难，一方面，新的环境、新的使命，让我压力倍增，空闲的时候极少，哪怕不做事，也得想事；另一方面，孩子渐渐长大，家庭的一部分责任也要负起来。我能做的，就是尽量抽出时间来学习，尤其是假期。

到了暑假，我利用在学校招生的空闲，坚持阅读对我来说相对比较枯燥的理论书籍。不论怎样，工作之后的学习都不可能像上学一样，各种事情分散精力不说，记忆力、理解力、专注度都不可避免地减退。没办法，迎难而上。那个假期，从头到尾，真可以用"苦读"来形容。每天一有空，我就捞过面前的教育学、心理学书开始读，一句句琢磨，一字字品味。一遍，两遍，三遍，书上布满了标记。功夫不负有心人，那些本来与我有着隔阂的内容渐渐变得亲切友好起来。

2009 年，我如愿以偿地考上了鲁东大学在职研究生，研究方向就是教育管理。那时我深深意识到，这是我系统地接受教育的一次难得机会，不仅仅是为了一个文凭，更重要的是通过这次机会弥补自己的不足，真正为自己注入一些新鲜而有用的东西。因此，我格外珍惜。从上课到撰写论文我都抱着一种苛求的态度，不放过任何一个细节，也不辜负任何一个要求。虽然许多工作做起来让我耗时费劲，但我还是咬牙坚持了下来。最终，我撰写的研究生论文从检测、盲审到答辩都是优秀，并被推荐参加鲁东大学的优秀硕士论文评选。

那段时间，我记录了三万多字的学习笔记。当时王淑兰老师和我在一个办公室，她也是一个特别爱学习的人，每次我上完课都要我把学习笔记分享给她。

那时外出学习机会比较多，一旦钻进去之后，它就充分地把我那似乎淡化的“欲望”激发出来。只要想到学习、想到充能，我就不由自主地生出一种激情，以至于成了一种条件反射，有些事情，就是现在想来也蛮有意思。

每年的正月开学前，市教育局都要举办中小学校长培训班，每次我必参加。有一年，培训从正月初十开始，为期三天。那次培训邀请了陶继新老师来作报告。陶老师报告的主题是“读书与教师生命成长”，陶老师的每一句话都激起了我的共鸣。我在读书方面还是存在着这样或那样的不足，虽然平时也零零散散地读书，但不能持之以恒。如果丢掉读书的习惯，那一个人的成长空间就有限了，精神世界也会变得贫乏。受陶老师讲座的触动，那天学习结束后我买了《论语》《老子》《宋词三百首》《史记全译》《资治通鉴赏析》等几本书，回到家就翻着看。

有一天晚上，我看了《资治通鉴赏析》里的《马革裹尸》。说实在的，真的是学然后知不足，通过那几天的看书，我惊异、羞愧于自己知识的浅薄。我把这个故事讲给儿子听，谁知还没怎么讲，儿子顺口来了一句：“青山处处埋忠骨，何须马革裹尸还？”

当时我吃了一惊，正在读五年级的儿子解释说，毛泽东当年听到儿子毛岸英牺牲的消息后，就说了这句话。那一刻，我被深深地震撼了：如果光工作不读书，连儿子都不如，如果一直这样下去，对于一名教师来说就太可怕了。

从那个时候起，我就下决心与孩子一起成长。不再将阅读当作是可有可无的事，不再找各种理由拒绝读书。后来我有意识地开始广泛阅读，还随时随地写一些随感。事实证明，这是一种极好的使自己获得成长的方法。

当韩兴娥老师出新书《让孩子踏上阅读的快车道》时，我马上找来阅读，因为白天忙碌，就在临睡前倚在床头一页一页地看，一直看到很晚。想睡的时候却因为过了平常入睡的时间，怎么也睡不着。我知道，对教育事业的执着注定了韩老师的成功，想一想平日里对她的了解，我感慨万千。

了解她的人都知道，起初的韩老师是一个各方面素质都很一般的老师，但她却极为执着，有了这种精神，也便有了成功的基础。当年和韩老师一起搞阅读实验的老师还有很多，可是坚持下来的只有韩老师一个。用她自己的话说就是“一根筋”——认准了的事谁也动摇不了。为了教好《论语》《上下五千年》等古文经典，她的整个暑假都是在书店里度过的。

韩老师刚到北海的第一年，有的家长对她的实验持怀疑态度，甚至有的家长给孩子转学，有的家长直接找领导反映。但韩老师认准了目标，迎难而上，实验的步伐更坚定了。

为了不让任何一个孩子掉队，她建立了教师博客，与班里每一位家长进行网络交流，哪个学生退步了、哪个学生进步了，随时与家长沟通。她对每一个孩子都关怀备至。为了激发孩子们的学习热情，她想出了那么多好点子。有的家长家里没有电脑，韩老师就将公开信发给孩子，为了避免表扬出现遗漏，韩老师将五十七个写了名字的信封放在班里显眼的位置，每天谁进步了，就拿出两个，写张纸条放在信封里，让孩子拿回去给家长看。到最后信封全部用完，就代表自己已经把五十七个孩子全都表扬了一遍。这样的例子有很多，从中可以看出韩老师对学生的关心、对自己事业的热爱。

这样的阅读，首先引发的就是对自己的反省。看着看着，我不禁感到汗颜，同样是老师，自己却做不到，为什么？是因为自己没有韩老师对事业的那份执着，没有对孩子火一样的热情。于是我生发出一个念头，不能让这种精神仅仅停留在感动的层面上，要积极实践，学以致用，向韩老师学习！

学校给中层管理者买了大量的管理类书籍，比如《做最好的中层》《你在为谁工作》《致亚细亚的一封信》等。只要有点闲暇，我都会看一点，一边阅读一边做笔记，有点想法，就随手写下来。

看到“有大境界才有大发展”这一内容，我受益匪浅。是的，单位中的每一个人都有了大境界，所有的管理者主动工作，将自己当作单位中的中流砥柱，主动担负起工作的重任，那将会怎样？所有的教师都有大境界，单位第一，个人第二，相互谦让，工作氛围又会是什么样？

老师们不随便请假了，还需要管理部门去定期检查吗？还需要制定请假制度吗？备课、作业批改等教学常规还需要教导处督促吗？如此，才能渐渐地实现学校由制度管理向自我管理发展的可能。

单位中的每一个人都有了大境界，每个人都勇于承担责任和义务，遇到问题就会没有任何借口，工作也不会出现相互推诿的现象。单位中的每一个人有了大境界，不但工作会提前、高质量地完成，还会不断超越。

为了这个目标，让我们共同努力。

还有一句话也引起了我的同感，那就是“中层既是管理者，同时也是被管理者；中层不仅要带好自己的小团队，同时还要融入整个组织的大团队。双重的角色，决定了中层要想当好管理者，首先必须当好被管理者”。

像这样的概述简直太精辟了。屈指算来，我在管理岗位上已经八年了，这种双重的角色也使我明白了很多道理，知道作为管理者应该怎样做，作为被管理者应该怎样做。可是，自己对某些问题的认识却从没有上升到如此的高度，而在阅读过程中，看到书中的一字一句，仿佛就是自己多年来要表达而又不会表达的心里话，因此，我对该书作者的敬佩之情越来越浓，同时也对这双重角色有了更深刻的认识。

那么，我从中学到了什么呢？我想，当我们的管理出现不如意时，我们是否应该先这样问问自己：“我是不是一个合格的被管理者？”

作为被管理者，你有没有较好地按时完成上级交给你的任务？你是不是收敛你的个性服从整个组织？作为管理者，你能不能经常反思自己，是否善于倾听团队成员的意见和建议？你是否对团队成员抱有一种宽容的心态？你是否平等对待每一位成员？你是否能做到垫高别人、压低自己，为成员的成功搭建舞台？在工作出现失误时，你是否能勇于承担责任？……

借助阅读的学习，是一种自觉的学习，没有人强迫，更能促使自己思考一些司空见惯却容易忽视的问题，从而将一个人引向深入，让他学会许多想事做事的方法。

有人说，一个人的内心就是一种容器，里面盛满了幸福和烦恼，储存的幸福越多，烦恼就越少；储存的烦恼越多，幸福就越少。要想让自己幸福，唯一的办法就是让幸福占满内心，把烦恼挤出去，这样你就只剩下幸福了。说得多好！可是烦恼总是来骚扰我们。有时为了使自己平静，为了不给烦恼可乘之机，我就努力地阅读。

读到李跃儿的《谁拿走了孩子的幸福》一书。看着看着，我当时焦躁的心情平静了下来。书中说，当我们说到“谁拿走了孩子的幸福”的时候，我们都知道，孩子的幸福的确是被人拿走了。我们成人的幸福是谁拿走了呢？是我们成人自己。如果成人有足够的智慧，有完整的心灵空间，他们的幸福就无法被拿走。对于我们成人来说，最要命的，是每个人都紧紧抱着自己的痛苦不放。他们是在拥抱痛苦，而且，许多痛苦都是自己找来的。当痛苦来临的时候，许多人心里就会不断地想着这个痛苦："天哪，这样的事情怎么让我遇到了呢？真是太痛苦了！"走着呀，站着呀，坐着呀，躺着呀，脑海里一幕幕全是痛苦的影响，由于自己抱着痛苦不放，幸福就被赶走了，就无处可容了。这样的阅读，让我很快摆正了自己的心态，拥有了明朗的心情。

我们并非缺乏幸福，而是缺乏酿造幸福的智慧，而阅读，就是一种酿造。它使我汲取到了智慧，学习到了方法，领悟到了妙谛。

第五节　注重教育细节

担任业务校长后，总是尽心忙碌，等到假期，就意味着另一种生活方式开始了。那天，应该是生物钟还没有调整过来的原因，我还是在六点半的时候就醒了。

吃过早饭，不自觉地，我踏上了上班的路。"哇，又下雪了。"事情往往是这样，在没有心理准备的情况下发生，这样的场景总是格外令人兴奋。

来到学校，和值班老师聊了几句后回到办公室，打开电脑，我守着满桌凌乱的书本、文件，不知从何下手。一学期结束了，可很多事情远没有结束，也永远不会结束。本想来收拾一下办公室，可是想了想、看了看，还是不收拾的好，就让它这样吧，收拾干净了反而看着别扭。

于是，我安静地坐在那里，抬头看着窗外，校园里没有一个学生，只有白白的雪花一片接一片地落下来。而那鸽羽般的雪，就引领着我思考孩子的教育问题。

清楚地记得发生在几年前的一件事。当时下一节是我的课，我早早地朝教室走去，刚走到教室门口，李玥同学忽然急急忙忙地从教室里跑出来，把我拉到走廊上，伏在我耳边，神秘兮兮地说："老师，我们班梁山戴戒指！"

我听了以后，虽然很吃惊，但是表现却很淡定。工作十几年了，在近十年的班主任生涯中，我和形形色色的学生打过交道，脾气渐渐地被磨平了，心态也渐渐地平和了，遇到事情不再像以前那样容易冲动。还记得刚毕业那几年，每次批评学生先把自己气得饭都不想吃，话也不想说，只想找人发泄一通。现在，我已经修炼出来了，遇到学生犯错不再动气，因为我已经明白，孩子只有在不断地犯错中才能成长，不犯错误是不正常的，犯错误是他成长过程中的常态。有了这种心态，我感觉当班主任美妙极了，因为，我们可以通过学生做的一些事看到他们的内心世界，看到他们纯真的品质。于是我对李玥淡淡地回应道："老师知道了。"

按原计划讲完课，给学生布置了几道题，下来巡视时我特意来到梁山身边，表面上是看他的题做得对不对，实际上是想验证一下李玥的话是不是真的，果然我发现梁山戴着戒指。下课后，我把梁山叫到身边，一边摘他手上的戒指一边问："你的戒指真漂亮，多少钱？"

"两块五！"梁山爽快地说，"老师，还有琥珀色的，很好看，你喜欢吗？我带你去买！"

"我不戴这个，干活不方便。你怎么想起戴戒指了？"

"我们班刘超看他小舅结婚时戴着戒指很好看，就买了一个假的，我们看着好也就跟着去买了。"单纯的梁山心里一点也不设防。

"我们？还有谁？"梁山一连说出了十几个同学的名字，我一听，啊，这么多。从梁山的叙述可以看出，学生戴戒指，只是一种模仿，并非什么可怕的事情，作为老师的我绝对不能像看见老虎一样，如临大敌，小题大做，这样反而会让学生产生抵触心理。

一连几天，我都没有采取行动，并非把这事忘了，而是我一直在寻找恰当的时机。这种做法来自我对学生心理的把握：如果马上采取行动，梁山一定会有一种上当的感觉，认为老师欺骗了他的感情。这样，不但老师在他心目中的形象会大打折扣，今后他可能不会再和老师谈心，而且如果让他自尊心受到伤害，将不利于他的健康成长。

两周后，在同学们对班里个别学生戴戒指已经习以为常、不足为奇之后，我召开了"小学生应该怎样穿衣打扮"的主题班会。在李玥同学的主持下，同学们纷纷发表见解，班会取得了圆满成功。最后，我用这样的话结束了班会："同学们，穿衣打扮是每个人的权利和自由，爱美之心人皆有之，但是作为小学生不能盲目追随流行，不能夸张打扮，我们要集中精力学习文化知识。'清水出芙蓉，天然去雕饰’，健康向上、朝气蓬勃才是小学生真正的美。戴耳坠、戴戒指、染指甲、抹口红，只能让别人看了别扭、不协调。一个人的形象代表的不仅仅是个人，更是一个家庭、一个班级、一个学校、一个城市。你们现在每个人的形象就代表了良好的家庭教养，代表了我们优秀的班集体，代表了学校良好的校风和我们潍坊这个文明城市的面貌。同学们，让我们以崭新的形象迎接每一天吧！”

在此后的几天里，班里的几个男孩子陆陆续续地摘掉了手上的戒指。最爱打扮的王红也不再披散着头发，而是把头发高高地梳起来，扎了个马尾辫，手上的指甲油也没有了。这种处理结果，让我感到由衷的高兴。

像这样的事情，在我的工作中屡见不鲜。每一件事都在提醒我，孩子是不一样的，每一个孩子都有他的特点，凡事不能一概而论，要根据情况来判断和处理。我也有我的性格和爱好，也有自己做事的原则，我所能做的，就是从关爱的角度出发，呵护他们，教育他们。像这些，没有一种书本会将现成的办法提供给你，但只要你坚守教育的原则，只要你能设身处地地为孩子们着想，那结果一定是不错的。同时，这样的事还告诉我，作为教师一定要走进学生的内心，教育一定要无痕。只有当孩子感觉不到教育却受到教育时，才是真正的教育；只有当孩子感觉不到爱却始终被爱时，才是真正的爱。我想，我们在工作中，只要做到了这一点，就是成功的教师。

回首我走过的路，如果说有一点能算是比较优秀的品格的话，那就是注重教育的细节，即从细节出发去对待每一个孩子。孩子为什么会迟到，为什么会撒谎，为什么会不做作业，为什么会欺负同学……我不但看他们的表现，还用心探究造成这种现象的原因，力求在他们的心里播下善与爱的种子，力求借助这种难得的教育机会让他们意识到自己的错误从而积极改正。作为一个老师，眼光要放得远一些，不能就事论事。

同时，我认识到，我们的事业是平凡的，但平凡不等于平淡。作为一位小学老师或者管理者，我们不可能拥有轰轰烈烈史诗一般的大作为，将那些小事做好，就等于成功，而我们的事业就是靠这些小事谱写的。每一件小事，都带着我们的爱好、素养、思想，都折射着我们的身影。当你真正用心地去做了，它还会带给你出乎意料的感动和回报。

有一次，在刚进行完单元测试以后，我还是一如既往地讲评卷子。

每次针对出错较多的题目，我都要特别强调一番，这次也不例外。我有个习惯，为了让孩子们考个好成绩有个好心情，每次收卷之前，我都会先领着同学们对每一道题进行自查，个别容易出错的题目，我还会在黑板上进行点拨或讲解。目的有两个，一是从小培养孩子认真检查的好习惯；二是抓住每个孩子都有向好的心理，好成绩能给孩子带来自信，形成良性循环。一些平日没学好的同学也可以借这次机会，查漏补缺。而这一次，学生的学习效果没有达到我的预期目标，看了卷子以后，三名平日里不爱学习的学生，由于家长疏于管理，仅考了个及格。我非常生气，狠狠地批评了他们。

下课后，我往外走，走到教学楼一楼大厅，看到外面下着雨夹雪，刚要准备抬腿跑，就看见刚才批评过的一个学生拿着一把伞朝我跑来："老师，你要伞吗？"我一愣，我没有听清楚他说什么，不明白他把伞横在我面前是什么意思，还猜测他是捡了一把伞准备交给我，就问："这是谁的伞？"他说："老师，你用伞吗？"我赶紧说："我不用，给了我你就没法用了。你赶快回家吧。谢谢你！"

我站在那儿，看着他跑远的背影，很是激动。

这就是孩子，你刚刚批评了他，你的怒气还没消，他却一点也不放在心上，仍然是一番可爱的样子。他知道老师的批评是为他好，可老师呢，往往会对学习差的孩子存在偏见，就不能多点耐心吗？我为刚才的批评后悔了。

想到这一层，教育生涯中那些令我记忆深刻的事情一件接一件地浮现在我的眼前。我想，我之所以能够得到孩子的亲慕，可能就与我能够适时适地、设身处地地考虑问题有关。这样的技巧，来自一颗爱心，也来自一定的经验，更来自对孩子成长期势必存在的复杂心理的理解。

后来想想，正是这样一件件小事、一个个细节，促成了我的成长。常说"教学相长"，它是什么意思呢？这个词来自《礼记》，原文是："虽有嘉肴，弗食，不知其旨也；虽有至道，弗学，不知其善也。是故学然后知不足，教然后知困。知不足，然后能自反也；知困，然后能自强也。故曰，教学相长也。"这段话翻译过来是这样的："即使有美味，不吃不知道它的甘美；即使有至道，不学就不知道它的好处。因此，学然后才知道自己的欠缺，教然后才知道自己理解不透。知道了欠缺，然后才能自我反思省察；知道理解不透，然后才知道应该自强不息。所以说，教与学是互相促进的。"

深入体味这段话，显然，所谓的"教学相长"从教师这一角度而言。"教"是你的教，"学"也是你的学。你的"教"，可以有其他目的，但其中最重要的，却是“知困”，也就是认识到自己学问、品德、方法上的缺陷；你的“学”，可以有其他目的，但其中最重要的，却是“知不足”，发现自己学问、品德、方法上的欠缺。如果说你的“学”是为了“教”，那么在“教”的过程中，你会察觉到你的“学”还不够，“教”的过程中出现的问题，就促使你反省、醒悟，从而更好地去“学”。经过这样的循环往复，你的“教”会得到增长，你的“学”也会得到增长。

如果抱定这样的态度，我想，一位老师就会越来越优秀的。

第三章　以文化的名义

一所学校，有着怎样的文化，便生发出怎样的精神力量，昭示怎样的未来。优秀的文化，需要传承，需要积淀，需要发扬。当它的清风溢满校园的时候，工作、学习于其间的每一个人都会受到它的熏陶和濡染，并将其带往四面八方。

第一节　最美好的遇见

2017 年 8 月 28 日上午，学校召开了新学期的全体教师会。也就是在这个会上，当还在宣读新学期教师工作安排的时候，我却接到教育局通知，被调到永安路小学干业务校长兼分校校长。我对此十分意外、十分不舍，但转念一想，经历意味着成长，换个环境未尝不是一件好事!

永安路小学工作了一年，我又被调入芙蓉小学担任校长职务。

我经常在反思，是什么决定了一位教师的成败，想来想去，可能是这个原因：有的人把教书育人当作是一种职业，而有的人则把教书育人当作是一种事业。

在我的理解中，两种不同的态度，带给一个人的收获是不同的。

就职业而言，一般意义上，它只是一个谋生的手段。而倘若一个人把职业当作事业来干，那么，工作的内涵就被扩展了、拓宽了。事业是什么呢，就是你走近它，然后用心体验它，它能充实你的内心，能提升你的思想，能让你的生命得到丰盈和饱满，进而让弱小的自己壮大起来。在此基础上，职业所能带来的一切，也会不求而自得。概括而言，职业只能给你带来物质方面的利益，而事业则是物质和精神两者兼得。

一个人，一味地把工作当职业，紧随其后的就是热情的缺乏，从中得不到创造的快乐，得不到耕耘的喜悦，眼光掠过工作本身只瞅着跟在后面的利益，利益得到了，你却得不到提升；利益得不到了，就满腹怨言，消极怠工，这样，职业的倦怠感就很容易产生了。当人对职业感到厌倦、感到无聊时，职业就会成为一个沉重的枷锁，作为一种摆不脱的重负压得人抬不起头来，人生就成了一种受难的人生，因为人从占据他主要精力的职业中得不到一点快乐。这样的人，你既可以说，生命对于他是被拉长了，因为在一个人面对他不感兴趣的事情的时候，时间总是过得很慢，他在这里只是接受折磨；你也可以说生命对于他被缩短了，因为他的生命是贫乏的、无味的，现实的利益并不能安慰所有的付出。

而一个人，把工作当作事业来干，是投入全部身心的，在那些平凡的工作中，他会找到常人难以体会到的乐趣，这种乐趣既来自追求，也来自创造。这样的追求和创造给他带来时光的丰盈，对于他，每次付出就等于是一次收获，他享受着这样的收获，也用这种收获提升着自己的价值。他是身心愉悦的，也是兴致高昂的。工作的热情带来的是生活的热情，生活的热情带来的是生命的热情，反过来，再用这种热情去拥抱工作，工作就会焕发出烟火般的光焰，照亮原本苍白的人生。

说到底，把工作当作职业的人，是工作的奴隶；而把工作当作事业的人，则是工作的主人。把工作当作职业的人，他的收获是有形的，价值也就有限；而把工作当作事业的人，他的收获则大多是无形的，价值也就不可估量；把工作当作职业的人，他的青春是短暂的；把工作当作事业的人，他的青春是永恒的；把工作当作职业的人，即使他是一个年轻人，你看到的也是沉重的暮气；把工作当作事业的人，即使他是一个老年人，你看到的也是轻灵的朝气，他的生命穿透现在，直指未来，就像火炬，引领着别人也引领着自己通向光明的前途。

这是我 2017 年去浙江学习时最大的感受，在那里，我遇到了一群真正把职业当作事业来做的人。而这次学习，不但将我若干年来从事教育教学的一些想法串联起来，而且也为今后的工作和学习提供了一个理念、精神上的方向，可以说是受益终身。

浙大，教育最美好的遇见

“有一个孩子每天向前走去，他看见最初的东西，他就变成那东西，那东西就变成了他的一部分，在那一天，或者那一天的一部分，或者几年，或者连绵很多年……”

以上这段来自美国诗人惠特曼的诗歌，也是杭州市拱墅区教育局局长赵群筠在担任文晖中学校长时为校园文晖路第一个站台“相遇”设计的内容。它昭示了一个教育的真谛：孩子是单纯的，他们受到怎样的教育，他们就会成为怎样的人。教育的神圣性就体现在这里。

赵校长在新校建设时，匠心独具地在校内设计了一条与校名相呼应的小路——文晖路。

她还在这条路上设置了九个站台，从第一站“相遇”出发，经过“渴望”“约束”“云端”“自我”“男子汉”“选择”“创造”，最后迈向“光明”，并且每个站台上都有一段富有诗意和哲理的文字。我想，这应该也展示了一种做时间的主人的理念。做时间的主人的其中一个内涵，就是要不断地超越自己。如果把文晖路比作一条时间的路，那么，每一个站台都是一种超越——由小到大、由低到高、由浅薄到深沉、由贫乏到丰足。将这样的路放置在一所学校，既昭示着教师的使命——引领着学生不断地走向丰富和崇高，也昭示着学生的任务——在学习中壮大自己、丰盈自己，不能辜负时间，不能忘记精神的成长。

这条小路的设计，向我们传递着赵群筠深厚的文化底蕴和最美的教育情怀，也引发了我们对“什么是教育”“什么是最好的教育”的思考。我想，我们的出外学习，最主要的收获不是一些简单可行的方法，而是教育的理念，这种理念被我们遇见了，我们就要思索它、消化它，并用它来指导自己的工作。

学习过程中，赵群筠给我们作了三个小时的报告——“三年文晖路，做一个有情怀的校长”。初见她，她从容淡定优雅，听过后，我敬佩仰慕崇拜。赵群筠是个有故事的人，三个小时的报告，她娓娓道来，不疾不徐，用许多小故事向我们传递了她的育人理念。

两次国旗下讲话的事，让我们感受到她对孩子深深的爱。一次是“校长写给刘嘉敏同学的公开信”。具体过程是这样的：一个下午，在校长办公室门口出现了一张废纸，一个个学生从旁走过，无一人捡起，她看在眼里，疼在心底。当时她就想看看到底会不会有人把它捡起，如果谁捡起，她就奖励谁。下课了，门口的学生一拨拨无视地踩过，每一脚都像踩到她的心上，这时，她心中的奖品也在不断地加码，从一个本子、一支笔到一本书，最后，她决定给捡起纸的孩子写一封信。这时，一个女孩走过来，自然地弯腰将纸捡了起来。她兑现了自己的诺言，给孩子写了一封情深意长的公开信，周一升国旗时，向全体师生读了这封信，当时孩子的父母也被邀请到现场，她还提前安排办公室给孩子的父母买百合，以此来感谢父母对孩子的教育。“一举为善，天下为爱”，这件事看似是小事，却注定会成为孩子一生的记忆，同时也对其他学生产生了很好的教育意义。

一次是“做了错事就要直面惩罚”。在学校的阶段性考试中，有十一名学生将手机带进考场作弊。作为校长的赵群筠，将这件事拿到“国旗下讲话”来讲，她要让学生明白，做错了就应该勇于承担，教育孩子就要让他们懂得“勿以善小而不为，勿以恶小而为之”，要自尊、自爱、自律、自强，才能创造一个公平公正、正气正义的校园，并且她还做了自我检讨，指出作为校长和老师也有教育管理不善的责任。

一正一反两次国旗下讲话，渗透着理性的教育智慧和对孩子深深的爱，真正做到了“做孩子童年最亲爱的人”，同时也传递给我们一种教育理念：身边发生的故事，就是最好的教育资源，它贴近地气、符合校情，利用好了，就能起到出乎意料的作用。作为一个教育工作者，要有一双敏锐的眼睛，善于发现教育过程中的那些细节，利用细节来达成教育的目的，而不是空谈道理。立足于现实，教育自会焕发出明艳的光芒。

赵群筠的教育故事有很多很多，那无数个为了一个目标而一心一意努力奋斗的感人故事，累积起来成就了她的今天，成就了她最美的教育情怀。而她的一系列故事则告诉了我们这样一个道理：从事教育，最终是会形成属于个人的历史的，而这个历史如何书写，则取决于自己。

同样是这次培训，我遇到了一位最美的校长，她就是杭州市丹枫实验小学的曹晓红校长。她年轻、美丽、优雅、知性，而像她本人一样美丽的，则是她的教育理念。

丹枫实验小学拥有我见过的最美的校园，一片片火红的枫叶镶嵌在大门周围，显得时尚、大气、富有诗意。校名的书写出自一名一年级的同学。曹校长说，孩子入校前学校大门口的校名一直是空白的，目的就是留给孩子，孩子写得不端正也是孩子的作品！该校的校园文化基本上也是由老师和学生自主设计的。开学前，曹校长特意将校园文化做了很多“留白”，比如教学楼的走廊和墙面，那里没有出现设计精美、布局整齐的作品，设计全都交给了老师和学生，师生想怎么布置就怎么布置，那一扇扇富有童趣的“卡通门”“文化门”、富有创造性的黑板报，无一不显示着曹校长“最重差异，张扬个性”的教育。

学校自主设计人生的办学理念融合到了教育教学的方方面面。该校课堂教学特别重视学生“能力+”的培养，组织的各项活动注重的是过程，而不是结果。比如，要举行春游，学校会提前让学生自己用海报的形式推荐春游路线，然后进行评比，哪里的好评多，就选择去哪里。

这样，孩子自主意识被激发了，个体得到了最大化的尊重，所有的学生得到了平等的对待，虽然是新建学校，教师平均年龄二十五岁，但学校从没有收到过家长投诉。在那里，我们看到了学校无时无刻不在“尊重、呵护、培养”着每一位学生，并赋予了每一个学生抬头走路的尊严、绽放笑容的机会和欢呼呐喊的权利。一个多小时的参观，一个多小时的互动交流，无处不体现着曹校长最美、最新、最有温度的教育理念。有了最美的校长，就有了最美的校园、最美的文化、最美的师生、最美的童年……

在这所学校的参观学习给我带来了很大的启发：我们要真正让教师对学校拥有主人翁精神，就要激发他们对学校的认同感和归属感；我们要让孩子真正喜欢一所学校，那同样要把他们当作是学校的小主人。所有的人都不是过客，所有的人都是学校文化建设的参与者。如此，哪怕最后他们离开了学校，但他们仍然是有根的人，那样的根，不但体现在他们是从哪里出发的，更重要的是体现在他们是带着那里的文化出发的，而这种文化将会影响他们的终身。

一周的培训，还让我们见识了全国知名专家教授的风采，他们那前沿的教育理论、诙谐幽默的讲课风格，吸引着全体学员专注地投入。

遇见吴加澍教授，我明白了教育是一辈子的事。七十七岁的吴教授激情满怀地给我们做了三个小时的报告——“校长的教育思想与引领”。结合自身教学实践，他从“为何教，为谁教，怎么教，教什么”四个方面，阐述了他对教学的形而上的思考，并且告诉我们，教育理念只有内化于心，并躬身实践，才能形成自己的教育思想。

遇见赵志毅教授，我们明白了公民道德教育的重要性，懂得了一位校长的创新思维对于学校发展的重要性，知道了创新思维的六大领域，知道了集体的智慧不是最好的，但集体的智慧也一定不是最坏的。

遇见刘力教授，我们见识了浙江大学教授的风采。一开讲，刘教授就先抛出了一个个问题：校长应该是怎样的一个人？领导力的本性是什么？如何成为一名有效的、变革式的领导者？校长在塑造学校发展愿景和建设学校文化中扮演的角色是什么？校长该有怎样的哲学眼光和办学理想？校长办学思想与传统有着怎样的内在关系？一流学校的标准是什么？该有怎样的历史使命？……围绕这些问题，刘教授用犀利的语言，外加夸张的肢体动作，结合现实中的事例给我们逐一讲解，虽然下午最容易犯困，可所有学员无一不是精神抖擞，时而被他那幽默、大胆的讲课风格逗得满堂大笑。

遇见北京师范大学的周俊教授，我们明白了学校的品牌价值与创造；遇见阎亚军教授，我们对班主任的角色、家庭教育重要性以及家校合作的形式有了更加深刻的认识；遇见浙江传媒学院的顾虹教授，我们知道了“你看起来‘像什么’比你‘是什么’更重要”……

遇见浙大，让我遇见了美好的人、美好的事、美好的感动。遇见浙大，让我明白，教育是为尚未存在的社会培养新人；是把一个人的内心真正引导出来，帮助他成长为自己的样子；是让孩子从小坚信“我的道路是最美的”。遇见浙大，让我明白，最好的教育，就是帮助孩子在未来的生活中，能成功地寻找到自己的幸福。遇见浙大，让我明白，教育可以从容而智慧地行走……

以上是浙江大学学习后的体会。我想，只要我们抱着把职业当事业做的念头，那么，一定会不断地更新自己的理念来适应当前教育的发展。我们要行动，怀着热情行动，向着理想行动，但方向却极为重要。这次培训，让我更加明白了教育的神圣性，我知道，教育需要不断地追索，教育象征着远方：远方，意味着地位，却更意味着以地位来为人类谋福利；远方，意味着财富，却更意味着用财富来造福他人；远方，意味着物质，却更意味着享受一种精神上的乐趣。我们这个民族的教育精粹就在于，你要不断地创造，在内，完善自我，修养自身，提升学养；在外，对社会、对他人从文化的意义上贡献自己的力量。这是一个伟大的远方，是学校应该提供给学生并且让其信守终身的远方。你如果能到达这个远方，那么，你不但会获得内心的丰盈和恬适，而且还会成为一个在他人眼里有涵养、有力量、有担当、有价值的人。而你在沿着这条路行进的过程中，也会获得你所企盼的幸福和安乐。

第二节　做时间的主人

芙蓉小学，成立于1934年，由建校初的"潍县城西南镇镇立增福堂小学"，到抗日战争胜利后的"西南镇镇立中心国民小学"，再到中华人民共和国成立前后的"潍坊特别市市立第三小学"以及20世纪中后期的"潍坊市太平街小学"，直至1999年更名为"潍坊市潍城区芙蓉小学"。取"芙蓉"一词已有二十余年之久，耳濡目染之中，"芙蓉"已经成为师生无意识里的基本语境，并且以"芙蓉人"自称、自律。那么，如何立足学校办学及近年来"芙蓉"校名运用的深意构建学校文化，成了我一段时期内思考的问题。

"芙蓉"是学校所在小区的名字，也是一种美丽的树的名字。

在我最初的理解中，学习的生涯就像一棵树的成长，就像一棵树对时间的利用。

当一棵树的种子由于各种原因被埋在某处，是由不得它选择的，它所能做的就是努力地在这片空白中成长为一道绿意盎然的风景。

它不会怨天尤人，也不会顾影自怜，它将降生的地方当作是成长的阆苑，并且真诚地去爱扎根的这片方寸之地。它会感激这儿。它将每一道阳光都当作是对它生命的爱抚与鼓励。它由衷地去拥抱这儿的清风、这儿的朗月，当然最重要的是珍惜它赖以生根的地方。它从这些它的生命借以萌发、成长的元素中汲取着能量，一点一滴，从不浪费。

它长得很慢，慢得似乎岁月停驻在了它的身上。你期盼已久，但是每次经过它的身边，它仍然不会伸出绿色的手掌向你招摇，也不会张开一片绿荫将你覆盖。在你的注视下，它一直那么弱小，那么其貌不扬。但这其实是一种误解，倘若你的眼光能穿透至地底，你会发现，它正在一刻不停地向四处延伸着根须，那就等于是打基础啊。扎根的过程是艰难的、辛苦的，也是快乐的、幸福的。它懂得，这时需要的是沉默，越能忍受得住沉默，它的根会扎得越深，只有扎得很深的根，才会保证它有一个硕大丰盈的身体，它也才会有开花结果的一天。它的根不断地在地底伸展，它的底蕴越来越足，而这只有它知道。每一寸的前行都会带给它无比的快乐，这快乐是发自内部的，是无须张扬的。更为重要的是，在以后的成长生涯中，哪怕自己的身体被人们用"参天"来形容了，它仍然会扎根，扎根贯穿它生命的始终，它懂得厚积才能薄发的道理，它懂得只有自己的内蕴越深厚，身体才会成长得越高大的真理。而越往下扎根，它汲取的营养也就越多，而它也就会在风雨中站立得越稳，它的成就也就越大。

树是有立场的，也是有追求的。它虽然扎根于这片土地，但它时刻不忘仰望天空。树是有灵性的，在这一点上，它可以算是植物界的智者：越是能成长为高大的树的，越是能发展为硕壮的树的，它的目标越单纯，它不会过早地分出枝杈——这是一棵树与一丛灌木的最大区别。到它长成参天大树的时候，鸟儿会在它的怀抱里安家，藤萝会沿着它的身子不断地往上攀升，蚂蚁会在它的根部做穴生活，来去的行人会在它的绿荫下乘凉闲谈。但没有人会说那是一个巢，那是一个穴，所有的人会抬起头来用手遮着刺目的日光，说："瞧，这是一棵高大的树！"

那么，以这种美丽的树来命名的学校呢？我们将以怎样的姿态行走在教育的大道上？

结合自己的求学生涯，结合自己多年教学和管理的经验，结合自己对生命教育的理解，结合在浙江大学学习时的思索，最终，我提出了学校的精神文化，即我们的校训——"做时间的主人"。

"古之学者为己，今之学者为人"，精神层面的中国文化是向自己内心求索，管理好自己，这是"芙蓉文化"的精神核心。而芙蓉花花朵颜色多变，一日内先白后红，用尽生命开花，是"做时间的主人"的最好诠释。做时间的主人，概括而言，其意有三层：一是珍惜时间，珍视当下，不让时间空置、空虚、空度；二是做好成长规划，点亮时间，用好每分每秒规范自身行为；三是温暖时间，绽放每一刻的美好，描绘每一刻的精彩。此为学校文化之根基。

做时间的主人，不是轻视时间，不是贬低时间，而恰恰是尊重时间、敬畏时间。时间对于每一个人都是一样的，每一个人都生活在一定的时间之中，但做主人和不做主人的结果却是截然不同的。当具备了做时间的主人的意识之后，你会自觉地安排时间，而不是等待着时间来安排你。在时间面前，你拥有了主动权，随之也便有了规划，有了方向，有了紧迫感。你走在时间里，却又似乎走在时间的前面，这样，你实现了最大可能地利用时间的目的。

做时间的主人，意味着利用有限的时间去做尽量多的有益的事情。在时间的面前，你如果消极、怠情，那么时间就显得极为无情，它一分一秒地悄悄溜走，带给你无限的痛悔和懊恼；你如果积极、进取，那么时间就显得极为有情，你对得起时间，你支配了属于自己的有限时间，时间也会给予你回报。

做时间的主人，强调的是赢得一个个体生命在时间面前的尊严。同样面对时间，不同的选择、不同的姿态，就决定了不同的生命价值。古人教育我们，要“自强不息”，要“生无所息”，这就是在对时间的充分理解基础之上提出的人生命题。一个人选择了做时间的主人，那么，他势必会珍惜时间、利用时间来不断地完善自己，从而走向远方的远方，迈向崇高的崇高。

做时间的主人，昭示着一种习惯、一种思维。在我的理解中，这种习惯和思维必须从小学开始培养，这样做的目的，不但在于教育一个势必走向未来的人从小懂得时间的可贵，更在于让他们意识到，作为主人，要有效地支配时间，在时间中充实，在时间中丰富，在时间中历练，在时间中收获，像芙蓉一样，在不同的时间段展现不同的美丽，却不忘最终的使命。

做时间的主人，就要对得起时间，就需要在时间中给自己以目标、以定位，然后向着这个方向持之以恒地砥砺前行。

为了使这一文化得到落实，学校外树而内建。首先是氛围的外显营造。我们将北教学楼前的“三风一训”改为“做时间的主人”大型宣传标语，让师生每天都能以此作为人生座右铭，时刻警示要做好自我管理；让师生明白，走好人生的每一步，都是从“管理时间”开始的，这是人发展的核心力量和重心要素，具有积极向上、生生不息、自主自觉的文化取向。同时在西侧教学楼的侧面，面向社会大众，将“做时间的主人”以竖排、大字形式呈现出来，将学校的办学理念与学校文化以最自信的方式展现出来，同时服务于文化的形成。

其次是落实。为将精神文化的设计落地，形成学校较为稳定的办学指引，学校构建了以“做时间的主人”为核心的德育教育体系，涵盖了学生的终身学习、全面发展。在这种文化之下，学生接受的人生使命，首先就在于“修身”，也就是提升自己，为自己负责。“吾日三省吾身”，主角是自己；“学而时习之，不亦说乎”，主角是自己。教育的任务，就是首先让学生懂得要坚持不懈地提高自己，以“止于至善”，让今天的自己胜过昨天的自己，让今年的自己胜过去年的自己。

教育，往往意味着对已有潜力的挖掘，而能不能充分挖掘，在于能不能实现对时间的管理和自我的管理。

第三节　美在芙蓉

2018 年，习近平总书记指出“要全面加强和改进学校美育，坚持以美育人、以文化人，提高学生审美和人文素养”。学校根据习近平总书记的讲话精神，不断梳理与明晰时代的教育需求和价值取向，既注重充分发挥显性文化资源的育人作用，又着力构建隐性的校园文化，形成并确立了以“尚美”为基本取向的文化发展系统。

“尚美”的缘起就在于植根沃土，播下美的种子。

芙蓉小学位于老潍县的文化老街区——芙蓉小区。芙蓉小区历史底蕴深厚，有纪念宋时岳飞岳家军出征的岳王庙，有清道光年间的增福堂，还有一条因增福堂而得名的增福堂街。街上名门大户众多，有一代金石大师、被皇帝赏戴花翎的陈介祺，有历史上唯一一位潍县籍帝师陈官俊，有画家郭兰村先生、于希宁先生等，还有十笏园博物馆、郑板桥博物馆等历史遗迹。学校所在之处是文化的乐土，也是潍县城的缩影。因此，就这个意义而言，“芙蓉”代表了需要我们传承的爱国忠义、奉公尚义、勇于担当、乐善好施等美好品德，代表了鸿儒硕学、人杰地灵的老潍县文化。

“尚美”的提出就在于响应号召，培植美的情操。习近平总书记在党的十九大报告中多次强调“永远把人民对美好生活的向往作为奋斗目标”。学校把对孩子进行美的教育作为办学目标，旨在让孩子接受美的熏陶，增长美的操行，让每一个学生都成为美的使者，向着美的方向生长，从而追寻生命之美，享受美丽人生。

根据“尚美”，学校确立了“让每一个生命都精彩绽放”的育人目标，确立了“精耕细作，静待花开”的育人理念。我们认为，每个生命的花期不同，我们需要的，就是把握每一个生命的成长规律，用虔诚的态度精耕细作，用足够的耐心静待花开，只为每一个生命用自己的方式，绽放出最美的光芒。这也是“芙蓉”的要义。

这个要义，可以以芙蓉花的花语象征来予以诠释。芙蓉，美丽、天然、纯粹、高洁、坚韧、奉献、祥和。每年花开季，校园内外芙蓉绽放，花香四溢，这里的“芙蓉”代表一切美好的东西，和学校崇尚美育的追求一脉相承。

美是一种主观感受，是能引起人们美感的客观事物的本质属性。虽然不同的人对在教育中如何渗透美育有不同的看法，但可以肯定的是，美育并非单纯的以艺术技能为主的教育，而应是作用于人的情感和心灵的素养教育。这种教育，主要通过“润物细无声”的润泽、濡染、陶冶来实现，从而逐渐将高雅的审美趣味渗入学生们的心中。

早在春秋战国时期，孔子就曾说过“兴于《诗》，立于礼，成于乐”，强调美育对于人格培养的重要性。20世纪初叶，教育家蔡元培先生也曾大声疾呼：“美育是最重要、最基础的人生观教育。”作为一所有着八十多年办学历史的老学校，芙蓉小学在原有文化底蕴的基础上，形成并确定了“尚美”的芙蓉文化，就在于以此弘扬中华美育精神，努力把学生培养成为懂得美、欣赏美、创造美的时代新人。

“尚美”文化发展系统在于绽放最美自己。根据这一发展系统，学校确立了校园文化的四个符号：精神文化、行为文化、物质文化、制度文化。

行为文化是指在“做时间的主人”目标引领下的基本运行过程，是学校每一位师生经历的完整而有意义的教育生活，是学校新样态的基本呈现，更是实现对国家育人目标的“芙蓉理解与落实”：一是道德的人的成长，建立深厚的中华美德和人文精神基础，自觉、自主、自律，成为对家、国、世界有意义的人；二是智慧的人的成长，整体建构学生的智慧基础，本体性知识、发展性知识和实践性知识获得结构性发展；三是身心健康的人的成长，心理与身体、精神与意志健康双修，为未来社会的人际交往、国际理解、世界大同打下一个身心健康基础。具体而言，包括：

1．融合师生发展的学校常规——“一日三省”。

为将“尚美”做实、做透，构成学校实事求是、知行合一、言行合一的行为文化，学校制订了“一日三省”的学校常规。

“芙蓉全晨诵”——绘事后素质本洁，管理好自己的一天。一日之计在于晨，立志、励志从诵读开始。学校规定了一至六年级的必背经典，并由年级统一制作精美PPT，每天早上学生到校即诵读，营造老师、学生一起晨诵的良好氛围，学期末举行班级经典诵读成果展示活动。晨诵时间逐步扩展，由学生晨诵到师生晨诵，由部分学科晨诵到全学科晨诵，每一名学生、每一位老师都有自己的诵读空间，形成“全诵读”的学校文化风景。

“芙蓉静午练”——各尽其美尽芳菲，管理好自己的学业。每天中午课前十五分钟就是学生的午写时间，一个字或者一行字，让学生静下心来享受短暂的书写时光，与下午第一节语文课做好了充分的联结。学生如同“芙蓉花”从早晨的纯白经过中午转向粉红一样，人人都在这个过程中静静地完成生命的蜕变。

“芙蓉选暮行”——止于至善着意红，管理好自己的人生。每周三、周五下午的社团选修课是学生的最爱，学科类、艺术类、创客类等三十多门社团课程，让学生能够根据自身兴趣有选择地参加，充分焕发学生的学习热情，教师则能够运用自己的智慧，以个人或者集体的方式构建课程体系，另有家长志愿者、社会俱乐部到校公益指导，弥补学校师资不足。

2．融合教师发展的课程——“尚美课程”。

为细化育人目标，学校构建了“美德”“美智”“美艺”“美健”“美劳”的五美课程体系，并将教师的课程意识、课程开发能力、课程实施能力纳入课程培训与评价，以课程发展学生、发展教师、发展学校、发展“芙蓉教育”未来。

一是美德课程。既对应《义务教育品德与生活课程标准》，落实核心思想理念、优秀传统美德、中华人文精神三大方面，又关联中华孝道、廉洁法治、家风家训、劳动教育、习惯养成等内容，帮助学生从小树立正确的价值观，培养学生良好的道德品质。

二是美智课程。既包括语文国学类、数学情境类、英语主题类，又包括科学万物类和创新创客类。语文国学类既对应国家《义务教育语文课程标准》的落实，又辅以《论语》、楹联、诗歌等教学资源的补充；数学情境类既对应国家《义务教育数学课程标准》，充分落实数学学科关于学生基本知识、基本技能、基本思想、基本活动经验的学习目标，又融合数学阅读、数学实践、数学文化、数学故事的教学，同时创造性地开设基于数学学科素养生成的“数学抽象”小游戏、“逻辑推理”小游戏、“数学建模”小游戏、“直观想象”小游戏、“数学运算”小游戏等生活情境类课程；英语主题类在国家《义务教育英语课程标准》的基础上，又增加“日常英语会话”“英语戏剧”“英语小故事”等主题学习；科学万物类除落实《科学》的学科实践内容，又增加随季节、气候、身体发育的“二十四节气”“我 7 岁了，我 8 岁了”等课程；创新创客类除落实微机课程外，增加创客编程、无人机、船模航模等课程。

三是美艺课程。对应国家《义务教育艺术课程标准》《义务教育音乐课程标准》《义务教育美术课程标准》综合落地，增加书法、合唱、书法、舞蹈、国画、面塑等艺术特色课程。

四是美健课程。落实国家《义务教育体育与健康课程标准》，增加武术、八极拳、篮球、足球、排球、乒乓球、拉丁等内容。从田径、球类、现代体育等构建综合体育课程。

五是美劳课程。结合国家教育发展规划中对“劳动教育”的重视，学校开辟“红领巾种植园”，给每个班级划分种植区，让学生参与农作物的种植；根据年级特点开展“今日我当家”劳动课程；结合社团开展科技劳动、社区服务等；根据学校地理位置（周边菜市场），开展卫生环境劳动红领巾志愿者活动，让劳动成为学生可以积极参与并且有所收获的活动，培养学生的劳动意识、劳动爱好、劳动技能、劳动品质，为国家未来人才的综合、全面成长奉献“芙蓉力量”。

3. 融合教育教学特色——“学问课堂”。

教和学是学校教育发生的根基，也是学校行为文化的核心，芙蓉小学倡导的是遵循“教学评一致性”的学问课堂。从宏观上有五个要素——“学、问、思、辩、行”，倡导的是课堂一定要有学生的学和质疑问难，要有学生的自主探究，要让学生在充分思考的基础上畅所欲言，让学生在课堂上既学到知识技能，又能将学习成果应用到新的情境中，解决新的问题。简而言之，我们的学问课堂力求把获取知识当作方法而不是最终目的，我们的学问课堂是让学生学得更多并积极主动地学习。在不断地探索实践中，逐渐形成了富有学科特色的教学风格，如数学学科的根式教学、情境教学，语文学科的诗意教学、整本书阅读、诗联教学，英语学科的绘本教学、戏剧教学等。

同时，我们以“服务无微不至”完善了学校制度文化。

管理就是服务，既服务好学生与家长，又要服务好老师。为打造一所“人人为人人”的学校，实现哲学管理、思想管理、内省管理、科学管理一体化，学校确立“服务无微不至”的管理文化，实现管理与领导一体化。

针对近几年上级管理部门的政策变化以及学校实际情况，学校分别从干部管理、教师成长、常规管理、学生育人、家校共育、教师关爱等层面，分别制定和完善了管理的各项配套制度与细则，最终形成了新样态学校育人机制建设八大体系的多条治理路径，实现了制度管理的法治，也细化了育人主体的职责和要求。

比如教师专业发展方面，以“认识自我、融入芙蓉、超越自我”的逻辑思路，立足“人生三点”（原点、支点、远点），为教师设计清晰的成长路线图，即教师每天十分钟经典诵读，每周讲一节好课，每月读一本书写一篇教育故事，每人搞一项小课题研究，一生专注一个领域，人人读书人人写，用读写成就生命的精彩。很多教师经过长久坚持，渐渐养成读写习惯，这个习惯成了助推他们成长、改进教学的有力工具。

“尚美”的文化价值追求，在于具有尚美情怀。

一是尚美学子多元发展。结合学校丰富多彩的尚美课程，通过开展“五美少年”评选、芙小吉尼斯、主题活动月、才艺大比拼等活动，培养了芙小学子的综合能力和尚美情怀，学校在各级各类活动中屡获佳绩，如，潍城区“双语经典诵读”展评活动连续八年获得一等奖，连续两年参加潍坊市“国学小名士”经典诵读大赛，均获全区冠军；艺术节连续多年获区一等奖；科技特色尤其显著，历年参加区级以上比赛均获优异成绩；2019 年、2021 年连续两年赴上海参加全国青少年无人机大赛分获冠军和季军的优异成绩。

二是尚美教师与美同行。在“尚美”文化的引领下，培养了一支具有精神美、成长美、专业美、行为美、语言美的“五美”教师队伍。近三年来，一位教师被评为齐鲁名师候选人，一位教师被评为省最美教师，三位教师被评为潍坊市领军人才候选人。山东省创新教育研究二十年优秀成果评选中，四项成果获一等奖，一项获特等奖；《立足“人生三点”，助推教师专业成长的路径研究》等三项成果获区成果展评一等奖；2019 年“ 一师一优课”评比活动中，二十二名教师获奖，其中省优课获奖六人；2021 年 5 月，王文君老师代表潍城参加“第二届全省中小学青年教师教学竞赛”市级选拔活动，获第一名，最终获省赛一等奖。

三是尚美办学渐入佳境。学校育人实效得到了社会广泛认可。学校先后获国家、省市荣誉称号近二十项。2019 年又获得潍城区教体系统先进基层党组织、中国楹联教育基地、山东省教育系统模范职工之家、潍坊教育年度盛典·改革创新学校、潍城区首批优质特色学校、潍城区首届五星级学校等八项荣誉称号。可以说，基本上实现了“文化美、灵魂美、本色美、特色美、和谐美”的办学目标。

每一个学生都是美的使者，每一位教师都是美的化身。以人为本，追寻生命之美，享受美丽人生，这既是学校也是每一位师生的价值追求。

第四章　成长路上的风景

成长，是永远的主题。借助实践，我们汲取经验，获得智慧；借助读写，我们丰富知识，改变气质；借助规划，我们获得动力，至高至远；借助科研，我们立足本职，提升素养。那用辛勤开凿的小径，每一步都是绚烂的风景。

第一节　在实践中成长

教师是学校发展最大的变量，唯有激起教师成长的动力，一切才有可能。

根据教师的年龄结构和业务发展阶段，学校采取不同的发展策略，一共梳理完善了新手上岗期、快速成长期、发展高原期、名师成长之路、做好教育传承五个阶段的多条发展路径，并提出了专业发展的四个有效范式，即实践成长范式、读写成长范式、规划发展范式和科研超越范式。这四种范式各有各的意义与价值，不同特点的教师或者教师发展的不同阶段，所需要的范式也不同，可能是这种为主、那种为辅，或者多种范式并用，没有一成不变的，单一使用任何一种，都可能出现偏差。几年来，几种范式的综合运用，让一批善于学习、勤于思考、大胆实践的教师脱颖而出，其专业水平得到大幅度提高，并且形成独具特色的教学风格，有效地提升了学校的育人质量和办学效益。

对于青年教师来说，最有效的，当数实践成长范式。无数优秀教师、名师的成长历程证明，只有在课堂拼搏中才能学会教学。而课堂拼搏最有效的方式就是磨课，它就像一面镜子，把教师课堂中存在的问题毫不掩饰地展现出来。可以说，磨课过程就是给自己课堂教学照镜子的过程，是一个不断地"发现问题—解决问题"的过程，它的目的，就在于让教师的课堂教学变得越来越"美"。对于新教师、年轻教师，学校重点采取的就是这两种方式，以期对其进行课堂教学和常规的全方位跟踪指导，引领他们走实践研究之路。

> 四月初，入职以来第一次新教师展示课如期而至，临近上课前，我待在多媒体教室的外面，心里有一点儿紧张，脑子里也是一片空白，好在课顺利地讲完了，这得益于前期多轮磨课准备；更应该感谢学校教研团队的帮扶与耐心指点迷津……
>
> 在磨课的过程中我从未感到枯燥或不安，师傅李艳秋和备课组的姐姐们给了我莫大的鼓舞与安慰，她们总是不厌其烦，反复推敲每个环节、每句话。我难掩自己内心的欣喜，总觉得自己被一股强大的能量罩庇护着，浑身有着使不完的劲儿。我不是一个人在战斗，我背后有坚实的后盾、优质的依靠，这种感觉真幸福……

以上摘自吴丽红老师的授课体会——《躬行后的反思》。吴老师 2018 年 8 月入职，2019 年 4 月首次参加了区课堂展示，获得了区教研室领导和听课老师的高度好评，初次品尝到了成长的快乐。这些成长的体验，成为她专业成长生涯中不可磨灭的一环，也带给她不尽的前进动力。她在两年内参加区级公开课、研究课和校内展示课近十次，无论是思想、业务能力还是班级管理，都经历了一个痛苦而华丽的转身。正如她自己在反思中写到的："课例实践、团队帮扶，成长的不仅是业务，还收获了同事间深厚的友情。"

胥欣培老师在入职仅仅三个月便感受到了这种快乐。

刚刚踏上教学岗位时，胥老师对很多事情都不了解，从教学常规到工作中的各种小细节，老师们全都耐心地一一为她解答。她所在二楼办公室的负责人郑丽娜老师，不仅业务棒，还特别细心，对她平时工作中不到位的地方，总是十分耐心地给她讲解。一年级的孩子规则意识薄弱，胥老师一开始在管理班级方面总是不得其法，郑老师就凭借多年的班级管理经验，给她提了很多宝贵的建议。渐渐地，班级管理步入正轨。还有李艳秋老师，经常利用自己没有课的时间来听胥老师的课，帮助她进行专业成长。李艳秋老师将宝贵的语文教学经验传授给胥老师，甚至还亲自上课来给她演示如何在课堂上吸引孩子们的注意力、如何让课堂更加生动有趣。在她的帮助下，胥老师的专业能力也得到了一定程度的提高。

"还有办公室内其他老师对我的帮助也很大，向他们请教问题时，他们总是知无不言、言无不尽。很开心能加入芙蓉小学这个温暖的大家庭，在这里我收获的不仅是教学能力的提高，还有其他各方面的进步。"胥老师的感受，是每一个进入芙蓉小学的年轻教师的感受。在这里，他们收获着快乐，也收获着幸福。

> 转眼间，我在教师这个岗位上已经工作了八年。走进芙蓉小学也已经是第五个年头了。回首过去的时光，我由一名像初生牛犊一样的学生转变为此刻的老师，一路走来，其间的兴奋、迷茫、欣喜、收获，点点滴滴，如人饮水，冷暖自知；一路走来，离不开师傅的细心督导，离不开同事们的关怀帮忙，也离不开孩子们无私的爱。感谢见证我成长的每一个人。
>
> 我的成长离不开学校良好的机制。为了使青年教师尽快成长，学校确立了以老带新、以中带青、以师带徒的青年教师培养模式，并且采取了具体的培养措施——岗前培训熟悉课堂教学常规；师徒结对确立了一对一的师徒帮教对子；好课引路每周听老教师的课至少两节；每周师傅评徒弟的课至少一次，从教学目标的达成、教学环节的设计、学习方法的定位、辅助手段的运用、课后习题的确定等方面做了认真的指导；师徒汇报课我们每位青年教师都要上一堂汇报课，教研组及时听课和评课，帮忙青年教师认识成绩，找出不足。这些措施，极大地调动了青年教师的工作热情，提高了青年教师的专业素养和教学水平，使我们进步快，收效大，更健康地向上发展。

袁恩娟老师的总结，道出了广大年轻教师的共同心声。

年轻意味着有无数的可能，一位教师有着怎样的未来，取决于他今天的努力，教育始终离不开实践，只有在实践中，才能习得经验，悟得真谛。祝愿我们的老师沿着这条无数贤能之士走过的路，坚定地走向远方，踏上高处。

第二节 “人生三点”规划

《论语·为政》中有一段孔子的自述：“吾十有五而志于学，三十而立，四十而不惑，五十而知天命，六十而耳顺，七十而从心所欲，不逾矩。”这句话最鲜明之处就在于体现了一种动态的、进步的人生形式。“三十”“四十”也好，“五十”“六十”也好，只是一个大概的阶段，并没有严格地进行划分，但每一个阶段对生命、对人生有所体会、有所感悟却是一定的，而且这种体会和感悟呈现的就是不断提升的态势。如果你三十岁是那个样，四十岁、五十岁、六十岁、七十岁了还是那个样，裹足不前，固守旧貌，那就对不起岁月、对不起年龄了。孔子把时间比作是“不舍昼夜”的河流，其实从另一个角度来看，人生也像河流，在日夜不息的流淌中要不断地壮大自己。

只要意识到这一点，就具备了一种姿态——人生没有太晚的开始。人之一生，行之匆匆，回望过去，日子过得比想象中快。自己年轻的时候，总感觉有大把的时间可以浪费，总想着以后再说，总想着下次再来，将无数个要做的事情都推到了以后。步入四十岁以后，猛然有了一种年龄的紧迫感，总感觉时间不够用，忽然发现，很多想干的事情都还没干。

我想，每一个人，都要找到适合自己的路，调整自己的心态，专注地投身于自己真正喜爱的事情中去获得成就感，这足以润色柴米油盐酱醋茶这些琐碎的日常生活带来的厌倦与枯燥，足以让你不过分依赖他人，足以让你不过分追求结果和外在的鼓励。当有一天成功与你结缘，你也不会感到意外。时间是很奇怪的东西，你越珍惜，它就越慷慨！

那么，在时间面前，我们最需要做的是什么呢？

对于教师，大概就是在岁月中提升自我。一所学校，它的魅力就来自这里——能通过各种方式，比如培训、结对、交流等，促进教师的“教学相长”。在这方面，我们学校极为重视，也做了许多细致入微的工作。

我们曾经邀请了两位知名专家到校给老师们做培训，一位是全国优秀教师张玉芝老师，一位是首届齐鲁名师李秀伟老师。培训过程中，张老师从家校共育入手，用近三个小时的时间详细而生动地分享了自己班级管理的诀窍，一个个感人至深的案例，充分体现了张老师的教育智慧、激情与责任。李老师报告题目是“创造我们的成长”，他对教育发展的脉络、教师成长的路径、核心素养的含义，以及学科标准等方面的内容进行了详细解读，他的博学与先进理念，让老师们耳目一新，报告结束许多人还觉得意犹未尽。培训结束后，一位有着二十年教龄的老教师主动到办公室找我谈心，说自己一直想在教学上谋求发展，但却一直很迷茫，找不到突破口，时间久了，事务性的事一多，这种想法也就渐渐淡了。听了专家的报告，又激起了自己想做出点什么的冲动。一位年轻教师跟我说，听了专家的报告，感觉自己一下子找到了成长的动力，眼界开阔了许多，以前看到人家写论文、写课题，总感觉很难，思考报告内容才发现，原来教学中的每一个点都可以作为课题来研究。一位英语教师晚上十点多给我微信留言："嵇校长，今晚我辗转难眠，深深地被两位专家所感动和震撼。自己之前只知道默默无闻，认为做好自己的事情，教好学生，让学生考一个好的分数，对得起学生、对得起家长、对得起自己的良心就行了。今天看来，我错了，老师不能只桎梏在传道上，应该有自己的突破和创新，不应该让生命这样消耗，要让生命开出绚丽的花！"我注意到个别教师会后还主动加了专家的微信。一场看似常规的开学培训，却引发了老师们的思想波动，这是我所希望的，也是我意料之外的。看来，任何有意义的培训，对老师都是一种思想的唤醒。

伟大的哲学家柏拉图指出，教育的本质就是唤醒，唤醒孩子沉睡的心灵。对于学生而言，这是教师的使命，教育就是为了引导孩子进行自我教育；对于老师而言，这是校长的使命，培训是为了不培训，是为了唤醒与启迪，唤醒老师积极进取的内心，唤醒教师的成长自觉。作为教师，如果不能从灵魂深处去感悟存在的价值，就永远找不到成长的力量；作为校长，如果一味追求教育教学质量，追求各类评选活动的成绩，而忽略教师的成长和发展，就永远不是一位好校长。因此，作为校长，要努力做一位"迷恋"教师成长的人，要努力为每一位渴望成长的老师提供发展的平台。多少年后，如果有老师因为校长的唤醒，从而获得了自身成长的动力，进而不断地走向成功，那将是作为校长最大的欣慰！

在这过程中，若想把握住每一次成长的契机，就要从心出发，一步一个脚印，一天一点进步，实现成长的自觉。为了能够在美丽的杏苑翩翩起舞，规划就成为一种必需。

所谓"规划"，就是学校引导教师立足"人生三点"（原点、支点、远点）进行专业成长的自我规划。通过召开青年教师座谈会、老教师经验交流会和骨干教师恳谈会，引导每位教师根据学校发展构想，结合自身特点与优势，找准自身专业发展的跑道。无论是年老的还是年轻的，都立足原点，即"现在的我"，发现自己，剖析自我，寻找自己的优势，作为成长的支点，做好规划，精准发力，一起向着远点，即"未来的我"前进。这本于一种生命的内需，本于一种流变而昂扬的人生态势。

在此基础上，教师自主制订"人生三点"发展规划，明确自己的近期及长远发展目标，并且根据个人规划每月完成"个人专业发展月度计划表"，将规划细化为月计划、周目标，学期末根据每周、每月目标完成情况，总结经验，反思不足，让成长具体化、可视化，从而达到理想的效果。

李春霞老师就是其中的一个代表。身为语文教师的她，已经工作二十八年了。但她没有满足于已经取得的成绩，而是着眼于未来，对自己提出了更高的要求。本着自我规划，她以心理学为支点，一步一个脚印，保持着属于自己的节奏和韵律，潜心学习，利用周末和假期考取了国家二级心理咨询师。接触心理学之后，她对教学又有了更深的理解和认识，她认为教学就是陪伴孩子成长，学知识是孩子成长道路上主要但并非全部的东西；她还认为作文难不仅仅是听说读写基本功不够造成的，也不仅仅是多读多练就能解决的，主要是学生内心冲突，心理层面混沌不清。只有让孩子有机会将内心话说出，内心混沌的部分得以澄清，他的注意力困扰、情绪困扰才会消失，他的所见、所闻、所思、所感才能在内心自然真实地流淌。因此，她将心理学知识“OH 卡牌”的联想法和构造法运用到作文教学中，将作文教学寓教于乐。2019 年她的《“OH 卡牌”辅助作文》获得潍坊市小课题研究二等奖。在要求学生默写生字的时候她还采用“最强大脑记忆法”，把单个的词语变成匪夷所思的句子。比如部编版五年级下册第二课，生字是“蝴蝶、蚂蚱、樱、拔、瞎、铲、割、承、拴、瓢、逛”。她会用“蚂蚱拔草，樱花逛街，蝴蝶看瞎眼”等引起学生注意，用科学的方法来促使学生爱学乐记。心理学知识与语文教学的有效融合，大大提高了学生的学习兴趣和课堂教学质量。李老师的突破，就得益于她对自己人生的更高规划。

学校这样做的初衷，是针对遇到“发展高原期”的教师而设立的培养策略。但从更为广泛的意义而言，却适用于一切教师。对于立足于原点的自己，你是如何看待的？对于你作为支点的个人优势，你是如何认知的？对于未来自己的远点你又有着怎样的准备和打算？这本身就是一种提醒，一种促进。其实，职业的倦怠感，首先就来自故步自封，来自安于现状。当一位老师以一种开放、包容、接纳的姿态出现的时候，他不但将时刻体现出一种进步的人生，而且也会消除对职业的不良反应。

科研处的陈佩娜老师有着多年的德育管理经验，她在班级管理领域有自己的特长和想法，为发挥她的优势，学校鼓励她成立班主任工作坊，自行招募成员，探讨班主任工作的小点子，她虽然忙得脚不点地，但却乐此不疲。她精心设计的“非遗传承风筝轧制班级主题实践活动”真是让人眼前为之一亮。活动包括学风筝历史、识风筝文化、诵风筝诗词、动手做风筝、风筝放飞五个方面的内容。孩子们首先课前分组进行调查研究，搜集有关风筝的起源、种类、吉祥寓意、发展史、传说和制作工艺等信息，在班级活动时进行了精彩的分享展示。随后陈老师带领孩子们一起品读了有关风筝的诗词，让孩子们感受体会中国古诗词之美。第四个环节是现场制作风筝。当时，黄佳缘同学的妈妈拆掉了旧凉席给孩子们准备了竹片，肖少伯同学的妈妈给孩子们准备了扎制用的宣纸，在班主任和班级家委会的协调组织下，擅长扎制风筝的李钰泽同学的爸爸作为本次活动的主讲师，跟其他五位家长志愿者一同来到班级中，教孩子们扎制风筝，从扎骨架、糊纸面、拴线到做风筝的飘带，家长们仔细地讲解。在家长志愿者和老师的协助下，经过一个半小时，孩子们完成了自己的第一只手工风筝。制作完成后，进入最后一个环节——校园放飞，孩子们兴奋地带着自己的风筝在校园里尽情奔跑，享受成长的快乐。

活动增长了孩子们的见识，拓宽了孩子们的知识面，在传承中华传统文化的同时让孩子们体验到了学习和放飞的快乐。整个活动从下午第一节课一直持续到放学，孩子们兴致盎然，老师、家长累并快乐着。为什么一次平常的活动能取得如此成效？就在于在日复一日繁忙的事务中，像陈老师这样优秀的老师始终保持着一颗奋进、向上的童心，发挥着个人的优势并进一步让它在教育生活中闪烁出耀眼的火花。就这一点来看，所谓的“规划”，要领就在像陈老师般一直投入着、热情着、青春着、发光着。

“教学相长”“成长规划”还有一个重要的方面，就在于让老师发现自己的不足从而努力克服。曾看到过两幅图画：一幅是唉声叹气而又满脸愁容的挤奶妇，在她身上除了劳作的艰苦和单调之外你什么也看不到；另一幅是用眼在歌唱、用手在跳舞的挤奶妇，透过她你看到蓝天、绿草，闻到花香，听见鸟语，感受到盎然生机，体会到天人和谐。对于工作，不同的认识，决定了不同的态度和不同的情感。我们需要时刻反省自己，然后克服缺点，以此来规划成长方向，哪怕是细小的改变，也会造就光明的人生。许多的教师，就是这么一步步走向优秀的。

郑丽娟老师是一名年轻的语文老师。在她的心中，既然是语文老师，那么字就是门面了，不论是粉笔字还是钢笔字都十分重要，更不要说作为一年级的语文老师，每天在课堂上做得最多的就是教孩子们写生字。

刚开始教学的时候，郑老师写的字并不漂亮。孩子们玩笑般的无人之语，刺痛了她的心，上进心强的郑老师制订了一个“规划”——练习写字。为此她买了字帖，每天抽出时间练习。这时，正好赶上学校要求每周上交一张练字纸，还专门为老师准备了小黑板，让老师练习粉笔字。郑老师百忙之中克服困难，认真练习，开始时，她写粉笔字需要重复很多遍，觉得写出来不好看，就擦掉再写，写了再擦，反反复复。就这样一段时间后她发觉自己板书的时间变短了，时不时有人告诉她写的字有进步了，这让郑老师感到很是欣喜。她的钢笔字也是如此。平时没有时间读书，练字时她就抄写自己喜欢的文章，边读边写对于她成了一种享受，甚至有的时候变成一种复习——把快要忘记的古诗和文章都写一写，唤醒自己尘封的记忆，同时又对这篇文章有了新的理解，可谓一举多得。

“成长，就在于坚持。”郑老师是这么认为的。是的，在规划中坚持，在规划中成长。

第三节 读了，再写

针对“发展高原期”的教师，学校设计了“读书会”“找到研究的快乐”“选准突破口”等几条发展路径，其中“读了，再写”是最简单直接的成长方式。因为读书与教师成长之间有着一种天然的联系，教师读书除了让教师体会到其专业价值，还可以让教师生成专业智慧，改变精神状态，提升人生境界。

> 出于有益于自身工作考虑，我拜读了《带着责任心去工作》这本书。读后感触颇深，有种“醍醐灌顶”的感觉，它使我对“感恩”和“责任”有了更深刻的认识和理解。
>
> 感恩是为了回报他人、回报社会而付出的行动。我们都要怀着一种感恩的心态，向曾经给予我们帮助的人，表示由衷的感激和谢意：感谢我们的父母，是他们给予了我们灵动的生命；感谢我们的爱人，是他们带给了我们幸福的人生；感谢我们的老师，是他们丰富了我们的内涵；感谢我们的朋友，是他们快乐了我们的人生。
>
> 带着责任心去工作才能真正地做好工作，每天用几分钟去想一想：我们有幸拥有眼前这份工作，有什么理由不去做好呢？在其位就要谋其

政。不论过去的工作态度如何，都已经过去了，重要的是，从现在开始，我们的态度如何？今年正好是工作落实年，就让我们带着责任心去工作吧。珍惜眼前美好的事物，用我们的敬业精神，付诸我们的行动，做一个最好的自己。在工作中赋予自己一份责任感，你会带着愉悦的心情，充满活力地投入工作，虽然有时会身心疲惫，但是责任会不断地激励你前行。

正如这本书中开篇所讲："一个缺乏责任感的人是难以值得信赖的人；一个缺乏责任感的组织是注定失败的组织；一个缺乏责任感的民族是没有前途的民族。"我们没有理由寻找借口，我们更没有借口推脱责任。既然没有，那就让我们心怀感恩、带着责任感来工作和生活吧！

这是李国英老师在阅读完《带着责任心去工作》一书后写的感想。像这样的边读边写，已经成为学校老师成长过程中的一种常态。

以前经常会听到一句话："老师要给学生一碗水，必须自己先拥有一桶水。"现在这句话已经不怎么提了，因为在新课程的理念下，教师不再是一个注入者，而是一个引导者。许多知识，教师未必知道，但他可以引导学生去学习和领悟；许多方法，教师未必掌握，但他可以引导学生去探索和具备。但放眼教育现实，"一碗水"和"一桶水"的情况仍然存在，尤其面对小学生，他们总有那么多千奇百怪的问题要问，总有一些突如其来的问题需要解决，而这，就考验教师的知识储备和个人修养。

因此，我们在工作过程中遇到的最为现实的问题就是：如果我们能汲取到更多的"水"，就能更好地满足学生的需求；如果我们的"那桶水"是活水，有着充分的营养，是被清风朗月时常关注过的，是不断有新鲜的因子注入的，那么，它就会很甘甜，也就会为我们的教育生活带来持续的甜蜜。

同时，我们在教育生涯中，当陷入困境或者产生困惑时，事情本身并不能为我们提供一个明晰的答案。我们只有超越表象，以更为高明和透彻的眼光来观察它、思考它，才会看得更为真切、更为深刻，也才能从更高的意义上把握它、了解它、驾驭它。说到底，我们有怎样的见识和素养，就决定了我们有怎样的处理问题的方法和角度。

所有这些，都决定了教师读书的必要性。教师读书与其他职业读书有着很大的不同。读书会使教师的视野开阔，使他不再受课本限制，能站在更为崇高和广泛的层面上来审视自己的工作；读书会使教师的专业成长，使他对自己教授的内容理解得更为透彻、分析得更为精辟、处理得更为高明；读书会使教师的智慧提升，从书籍中习得的方法会使他打破自身的桎梏，拥有驾轻就熟的职业技能；读书会使教师的精神改变，使教师长久地保有教育的热情，帮助他消除职业倦怠感，从而始终拥有新鲜感；读书会提高教师的境界，使他认识到这一职业的意义所在，从而无形中提高他的人生境界，并将这种精神传递给学生。同时，教育伟大而神圣的使命在于塑造人，塑造拥有文化人格的人，一个热爱读书的老师，他本身就有着自己的文化人格，而这种文化人格在他的日常教育教学中会形成一种引领。我们知道，我们想创造一个怎样的理想社会，我们就应该按照怎样的理想去引领。

在我的理解中，读写就是实现这一目标的最简单、最直接的方式。因为读书与教师成长之间有着一种天然的联系，教师读书具有其专业价值，可以生成专业智慧，可以改变精神状态，可以提升人生境界。再加上写作呢？那就更不一样了。

有的教师讲课时语言比较贫乏，即使一些有影响力的老师，也存在词不达意的问题。这往往会影响老师的上课质量。而写作有一个好处，在写文章的时候，你会绞尽脑汁地思考用个什么样的词语、用个什么样的句子能恰如其分地表达。坚持久了，对于语言的感知，会上升到另一个层面。写作讲究谋篇布局，先写什么，后写什么，怎么开头，怎么结尾，都是有规律可循的。就上课而言，亦是如此。老师一生，最重要的就是上课，传道授业解惑都在课堂上，如果将课堂搞得有章法、有节奏、有韵律，那职业就成为一种享受。这种享受从何而来，方法很多，其中最有效的方法就是学习写作。写作对我们获取知识也是非常有益的。对于知识，我们有许多概念是不清楚的。凡是老师，都是读过一些书的，几年以后也都是有点经验的，靠学到的知识储备教学生绰绰有余，但让许多老师难过的是，以前所学的那些东西根本用不上，读了那么多书等于白读，从事教育以后读书再多对现实教育教学也起不了什么作用。那么问题何在呢？说到底，还是不会用，还是不会将掌握的东西与自己的职业紧密地联系起来。这个问题，同样可以借助于写作来有效地完成。作为一名教师，他的成就感既能激发他对教育的热情，又能让他的生命变得丰盈，如果一名教师，仅仅将成就感的获得放在狭隘意义上的教育教学上，这种热情和丰盈也就充满了不可预知性，因为它受外力的影响特别大，常常不由自己掌控。所以，一名成功的教师，他的兴趣应该是广泛的，他的爱好应该是多样的，而他获得成就感的手段和渠道也应该是多样的。而写作就是其中的一个有效手段。

写作可以提升我们的教学能力。写一篇文章，你就会成为这方面的专家。如果一位老师曾经写过什么，那么，他对这个问题一定是比较清楚的，一定经过思考，有着独到的看法，或许还会发前人之所未发。即便是老生常谈的东西，经过写作，也会得到积淀从而成为自身学问的有机组成部分；即便是他人都熟知的东西，经过写作，自己也会对它熟悉起来，这就是所谓的高屋建瓴；即便是没人注意的东西，经过写作也会融入自己的血液，成为成就个人修养的一部分。因为写作，可以不断地有源头活水，可以不断地使思维得到深化，可以使新鲜的东西不断地进入脑海，可以提升思维的品质，可以帮助我们提升修养、改变气质。

正是基于这种考虑，从 2018 年开始，学校在全校开展“读了，再写；听了，再写；学了，做了，也要写”的读写反思活动。

每年的寒暑假，学校教师的作业之一就是到书店选书、读书、写体会。读书，从兴趣入手；读什么样的书，自己说了算；读了，要写。假期结束后，第一个教师会就是教师读书交流会，从中评选“优秀读书之星”。2019 年新学期开学后，老师们上交了四十八篇读书体会，每一篇体会都是老师们与他人进行心灵沟通与交流的果实。

开学后老师们的体会陆续上传到校园网站上，利用周末时间，我逐篇拜读。通过这样的品读，我对每个老师的阅读兴趣、内心世界、工作生活状态等有了较多的了解，仿佛和老师们进行了一次思想的碰撞。

《旁观一场自我剖白》是年轻教师马文卿阅读《皮囊》的体会，我仿佛透过作者的成长经历，读懂了一位年轻教师的内心，也引发了对自己过往的追思。马老师文中说“漂泊的人，也包括我，似乎都这样，找到一种安稳的心境很难，不停地追寻、探索，也曾想回到当初出发的地方，可人怎么可能不变呢？又怎么能回得去”，读完这段文字，我内心升起一股强烈的酸楚，她的这句感慨引起了我情感的共鸣。人生，总会遇到这样那样的困惑，重要的是不要为当下气馁，要追逐理想，为此，甚至要准备好失望，准备好痛苦，准备好妥协，准备好务实，准备好长期坚持……人生没有预演，人生注定是艰难而美丽的，认定的路要一如既往坚定不移地前行，才能迎接最和谐的生活。

读了李春霞老师的《儿童与青少年团体》读书体会，让我看到了兴趣的力量。一名语文教师因为爱好心理学，醉心于心理学研究，在心理学这个领域成了专家。她的体会，让我们看到了老师阅读的无边界，心理学研究让她走进了孩子的内心，让我们看到了阅读的力量，我为学校有这样的好老师而自豪。

刘玉红老师读《百年孤独》，写出了自己真实的感受："寒假时间，静心读了《百年孤独》，看完了全本，心异常的累，不知自己到底看懂了几分，仿佛他们都在坚持着自己的理想，但是好像都未能坚持到底……"她的体会非常真实，一如当初我读这本书，开了两次头都没读完。刘老师读后的思考向我们展示了一个老师的真诚。

五十多岁的老教师李萍读的是《明朝那些事儿》，不到一千字的感悟，却让我看到了一个扎扎实实、任劳任怨、教到老学到老的教师楷模形象。刘晓彤老师的《如何成为一位优秀教师》，让我看到了一位渴望成长的年轻教师的心，她从教书育人、终生学习、师生关系等方面，谈了自己对教师成长的理解，也找到了成长的路径，那就是坚持写教学日志。希望刘老师好好开发自身资源，在读书写作中实现个人品质和素养的提升，从而实现有效教学。

王艳玲老师是一个悬疑小说迷，她给《地狱变》写的评论，让人受益匪浅。郑晓云老师的体会是从读序有感开始的，说出了自己的心里话："总感觉写体会有点困难，不敢尝试。"其实很多人都有这种体验，认为写作是难事。其实写作就是给自己看的，无所谓好坏，坚持时间长了，反而有可能成为一种乐事。王大鹏老师从"审时度势""洞察深远"等方面写了读《毛泽东传》的体会，作为80后的年轻教师选读了这么一本书，还写出这么有见地的体会，简直令人刮目相看。考景红老师的《做幸福的教师读后感》一文，让我心生感动。一位有着二十九年教龄的老教师在每天的忙碌中，享受自己教育幸福的同时，一直思考着什么是学生的健康发展。对于素质教育，她有自己的理解："就是要关注学生生命健康、生命快乐、生命幸福、生命习惯，关注学生一生发展！"对于幸福她也有自己的感悟："感冒咳嗽时，学生将含片递到我的手中；肩膀不舒服时，听到一句'老师，我给你捏捏肩膀吧'。"这些感人的事例，即使再累对于她也是一种幸福，她用自己的实际行动，向我们展示着年轻的光芒、青春的朝气、蓬勃的活力。孙光芬老师读的是《城南旧事》，因为语文课本中选取了林海音的《窃读记》和《冬阳·童年·骆驼队》，为了让自己的教学融会贯通，也为了让孩子们对作者、对文本有更深刻的理解，寒假期间，孙老师布置全体学生阅读《城南旧事》，并让学生开学后进行读书交流。不得不说，这是一位有心有爱的好教师，遇到这样的老师，难道不是孩子一生的幸运吗？《活着》《平凡的世界》《简·爱》《我很重要》《人性的弱点》……透过老师们的读书体会，我重温了一个个熟悉的故事。

读书很简单，关键是写，如果老师只读不写，读得再多也只是“走路的书橱”而已，只有读写结合，才能实现生命的成长。教师如果将读、写成为一种习惯，并且持之以恒，不久的将来，他一定能够在阅读的高峰中体验专业成长的快乐！

郑晓云老师的读书体会《做幸福的教师》就展示出了读写的成效：

去年教师节的时候学校发了两本书，其中一本书是陶继新老师写的《做幸福的教师》。放了大半年，一直没抽出空来看，或者说是一直懒得没去看。今年的这个寒假，学校要求我们每一位教师读一本自己喜欢的关于教育教学方面的书，有了这个规定，也就有了一种无形的压力，有了这样的压力，也就有了学习的动力。

写整本书的读后感，我觉得困难很大，不太敢尝试，我还是从读序有感开始吧！“重复他人的话语，无异于鹦鹉学舌；经由文化积淀而形成的思想，才是生命的活水。”陶老师告诉我们，一个不会思考的人，即使读的书再多，也不过是前人文字和观点的堆积罢了。陶老师这句话让我感受到思考对一个老师来说是多么重要。我们要想让自己的课堂精彩起来，照搬是万万不可的，借鉴也要慎重，我们应该做的就是要充分分析自己的课堂，重新审视自己的学生，找出属于自己的最好的方法，而我们知道，最好的方法就是最适合自己的方法。

“生命不是对既有状态的重复。”仔细想想，我们周围有多少人在重复着自己的劳作，日复一日，年复一年，这种驴拉磨一圈圈转的日子是多么的乏味，可是我们又有多少人想过要改变这种现状呢？陶老师说：“今天的陶继新，一定超过昨天的陶继新；明天的陶继新，一定超过今天的陶继新！”多么自信的话语，多么豪迈的气魄！作为我们，为了让自己的生命也有一丝华彩，即使是星微的一丝亮光，我们也应该为自己积累一点文化资本。让自己的心在岁月的磨砺中仍然能感受温暖的来临。

陶老师说：“千万不要故弄玄虚，更不要故作高深。”是的，我们读陶老师的文章，感觉就是在听一位智者娓娓讲述人生的故事，陶老师的语句真实、自然、质朴无华，似山涧流水，叮咚悦耳。陶老师说，十年前，他写文章的时候，也曾有意用上一些华丽的词句，可是在今天的他看来那是令他羞愧的事。从这段话中我们看到了回归的陶老师，看到了正逐渐和自然融为一体的陶老师，我一直坚信文风彰显人性的说法，觉得陶老师自然质朴的文风和国学大师季羡林老先生语句中那股透心的清爽颇有相似之处。

也曾有过捧书阅读到深夜的时候，那只是因为我喜欢；也曾尝试着去背诵《论语》《老子》，那是因为我想倾听圣人心声，领悟他们的思想律动，让浮躁的我在圣人如水的心境中感受一丝超然；当课堂上的我捉襟见肘时，当我的微笑不再让孩子着迷的时候，教育类的专业书籍又走进我的书架，我对自己说，我只是想做一个称职的教师，做一个让孩子喜欢的教师，除此之外，别无他求。

读了陶老师《做一个幸福教师》，我才认识到，一个幸福的教师必须有深厚的文化资本，那样他才能在教学中游刃有余；一个幸福的教师还要有一定的生活阅历，那样他的教学才不枯燥，他才能将自己的亲身体验和感受及时传达给学生，他的课堂才有吸引力；一个幸福的教师还要有一颗宁静的心灵，只有心的宁静，才不会被外界纷繁的世界所诱惑；一个幸福的教师必须有着高度使命感，使命感让他愈挫愈勇，让他心怀高远。

轻轻合上书，一个轻微的游丝样的声音飘过来：我距离幸福还有多远？我默默地记下曾经帮过我的长者，正在鼓励着我的朋友，始终鞭策着我的领导，记在心底，从不敢忘却，也很少提起。我知道我最好的回报方式就是默默地记着，并且努力不要辜负了他们。快乐是自己寻找的，幸福是自己争取的。只要你带着一颗善良、美丽的平常心，就会发现世界到处都是美丽的风景。

我距离幸福还有多远？我不知道，但我知道，只要踮起脚尖，我就会距离幸福更近一些。

曾看到一句话，“不管你年纪多大或者境况如何，你在教育上的任何缺陷都可以通过阅读和思考来补”，我把它作为教师成长路径的一种引领，同时也把它当作我个人成长的一种信念。学如不及，犹恐失之。作为教师如果坚持读写，养成读写结合的习惯，并且持之以恒，那么，不久的将来，他一定能够在阅读和写作的催化下体验到专业成长的快乐！

第四节　讲好自己的故事

教育的生涯，归根结底，也就是讲好自己故事的生涯。你上课，是在讲你的故事；你学习，是在讲你的故事；你与学生交流，是在讲你的故事；你和家长接触，是在讲你的故事……所有的这些故事，看起来都微不足道，但却构成了一名教师的历史，也构成了一所学校的历史。可以说，这些故事你是怎么讲的，也便决定了你是怎样的一个人。

在大力鼓励、引导教师成长的过程中，学校同样注重故事的讲述。“老教师经验谈”是一种总结，也是一种传承，从那些经过岁月提炼的故事中，能捕捉到老教师们对教育的热爱，他们多年的无私奉献，他们那些富于启发性的方式和方法；“讲教育故事”，讲讲你是怎么走进一个孩子的心灵的，讲讲你是怎么将一个顽皮的孩子收敛心性的，讲讲你是怎么克服教育中的一个个困难的……这些，对自己是一个回顾，对他人是一种引导；“身边的感动”，总有一些近在咫尺的老师身上的闪光点感动着我们，他们做事是那样细心，对待学生是那样和蔼，一腔热忱，毫不藏私，说说这些事迹对我们有什么教育意义，我们应该如何向他们学习；“三十年感言”，不知不觉，在这个阵地上已经走过了这么多的岁月，那么，回首往昔，说说你有怎样的感受。

所有的这些，都是叙事。每一个故事，都是时光河道里凝结的珠贝，穿在一起，便是我们从事这一工作后记忆最为深刻的历史。有这个历史和没有这个历史是完全不同的。有这个历史，我们就有了温度、有了长度；没有这个历史，我们就显得贫乏、显得空白。因此，讲教育故事的另一个重要意义就在于提醒我们认真地过好每一天，细心地对待每一件事，从而让它们组成我们丰富多彩的生命册页，每一次翻动，都能让我们知道，我们是怀着怎样的情怀、唱着怎样的歌曲完善了职业生命的。

同时，一次次的讲述，也让我们渐渐体会到，教育是有味的，是有它的乐趣的，这样可以增加我们继续前行的信心和热情；一次次讲述引领我们反思：为什么别人可以做得更好？怎样才能使自己日益变得崇高起来、充盈起来？我们还存在什么样的不足，应该如何去克服？这种反思，如果加上改正，就是成长。

记得 2018 年教师节当天，两节课后，学校举行了“教师节表彰大会暨‘我与芙蓉的故事’分享座谈会”。活动开始之前，有的老师表示自己没有故事可讲，领导们也有所顾虑——以前从没讲过心里没有底。工会主席担心会冷场，提前安排了几位教师作准备。几位教师讲完以后，氛围形成了，情感激发了，老师们渐渐进入了状态，纷纷谈起了自己当年的故事。有的老师讲了和学生的故事，有的老师讲了自己刚毕业时成长过程中的趣事，有的老师讲了办公室的故事……那些或长或短的故事，每一个都勾起了老师们美好的回忆，引发了他们对未来的向往。时间就在老师们讲故事的过程中不知不觉地过去了。散会后，大家还意犹未尽。那一刻，我的感受就是：故事并不神秘，只要你作为一个有心人，处处可见；有故事的教育才有温情、才有感动；有故事的教育生涯才值得我们珍惜，值得我们创造；有故事，才能生发出茁壮成长的力量。哪怕有一天我们走出校园，那些故事也会陪伴着我们。

对于这一点，李艳秋老师还提出了写作的方法。她形象地用《诗经》中的“芄兰之支”来比喻，说芄兰的枝条散发着芬芳。那么，老师们在每个夜晚于灯下写出的那些方块字，也如芄兰一般，充满着特殊的芬芳。

她认为，作为一名教师，走在成长的路上，可写的东西很多。你可以写反思：课后把这节课的得失记录下来。得了什么，记下来，就是生活中的“小确幸”，激励我们开心前行；今天没处理好的点在哪里，为什么会出现这样的问题，下节课如何补救，也记录下来。一天一点，坚持一年，每一位教师都会有一大文件夹的宝贵资料。思考积累的芬芳，最是迷人。

你可以写读专业书的体会，更可以写活动感悟：每次讲课活动结束以后，把活动感悟写下来，不需要太长，只是针对某一节课或者某一个点，记下自己的心得即可。恰巧遇到自己曾经讲过的某节课有一个点没处理好，那就记下别人如何处理的；别人朗读课文的节奏刚好能抓住学生的小眼神儿，试着模仿一下、练习一下，肯定有收获；别人评价学生的方式没有千篇一律，甚至引用了古诗……每一次学习、每一次感动的芬芳，最是迷人。

当然，你也可以写杂事：今天，生字讲得特别好，用了昨天从网站上看到的方法；今天，作业中比喻、拟人的修辞方法被搞混了，明天上课的时候用什么方法讲；今天上课的时候，某位同学一直没有好好听，要了解一下情况……每天，身边有好多的故事发生，把这些身边的小点记下来，慢慢地，学习能力跟处理问题的能力就提高了，遇到事情处理起来也会从容许多、

“高明”许多。成长，不是一天就能成的事儿，写下今天，成就的是美丽的明天。

李老师从更为广泛的层面上为教育叙事下了一个定义，那就是立足于职业本身，自觉地去发现、去思考、去记述。而我们相信，像这样的故事每天都在发生，而以写的方式讲述出来，对成长会更有利。

芙蓉小学的许多老师，就是在演绎平凡而有味的故事的过程中一天一天地成长起来的，阅读他们的故事，也就等于走进了他们的精神世界，也就等于了解了他们对教育的热爱和付出。

如果你在小事上苟且，那么你在大事上、人生上一定也是苟且的人。这是我入职以来最大的感触和收获。在这半年中，我经历了一个收获满满的成长历程。在这个成长的过程中，我从刚开始的着急上火，心态失衡，巴不得自己明天就能优秀起来，到懂得慢慢学习周围优秀的老教师，踏踏实实工作，这真是一个渐渐蜕变的过程。

幸运的是，我们学校非常重视青年教师的成长，给我们提供了很多学习的机会。听优质课、评优质课、讲座、教研活动，各种丰富的活动给我们青年教师提供了巨大的上升空间。

我旁边的孙老师一直保持着优秀的教学成绩，我经常虚心观察孙老师的教学活动。有一次，孙老师给班级的学生打印一些口算题。在用Word进行排版时，由于格式原先的设定，一直没能对齐。孙老师为了打印这张口算表，首先将格式全部清除，然后将口算题一道一道地剪切粘贴到文本上。最后终于打印出了一份精致漂亮的口算题卡。

我领悟到了孙老师教学工作的秘诀——认真。我们有许多人做事一心想追求结果，却忽视了做事的过程，尤其忽视了做事的细节，结果虽然努力追索，伟大却了无踪影。在我们的教学工作中，最多的就是平平常常的小事。我们如果能把每一件平凡的事做好，这就是不平凡，这就是俗话说的“于细微处见真精神”。

体会到了老师们这种认真的精神，我更加认真地钻研业务。不懂的、不理解的就找老教师请教，多听老教师的课。勤思考，勤积累，勤反思，果然我课堂上学生的注意力比以前集中了，许许多多的同学都比以前有了巨大的进步。我发自内心地感到高兴。

现在每节课我都以积极认真的心态去准备，和孩子们一起高高兴兴地去认识每一个新知识，为他们取得的进步真心感到高兴。在今后的成长之路上，我会更加投入地工作、更加努力地学习，用积极认真的心态去克服前进路上的每一个困难。

这是学校蒋卓珍老师的成长叙事，她看到了身边的榜样，并从这样的榜样身上汲取了经验，获得了方向，从而促成了自己向着优秀迈进。这样的故事，是从教历程中最接地气、最有价值的故事。只因为它离我们并不遥远，需要的，只是我们用心去发现、去体味。

于是，有了姜奕彤老师的精彩叙事。她在成为一名正式教师的道路上，曾艰难地辗转三地，上下求索。最终，她与芙蓉小学相遇。在她的眼里，这里芙蓉花开，香满校园，银杏叶落，沉静深秋。在这里，她不仅看到了每一位老师的奋斗与敬业，看到了每一位领导的事必躬亲、身先士卒，还看到了每一个小朋友最灿烂的笑脸！她相信，最美丽的教育故事将在这里开始。

魏晓菡老师叙述道："经过适应，我知道了如何与家长沟通，如何和孩子沟通，怎么样做好一个大姐姐、一个合格的老师。但是我知道我在专业上还需要加把劲，怎样开展一个学习活动，怎么去和孩子们互动，如何提升孩子们的经验等，都是我比较欠缺的地方。我相信我能行，无论有多大的困难，只要自己努力了就行。"有人说，爱自己的孩子是人，爱别人的孩子是神。爱自己的孩子从某种程度上体现了一种本能，而爱别人的孩子是一种超脱、飞跃，是一种升华。教师的爱是良好师生关系的润滑剂，教师的爱是教育工作的灵魂。我们相信，当一位老师怀揣着这样的爱走上工作岗位，她离优秀就不会遥远。

"我犹如大海中的一朵浪花，时常为孩子们带去无尽的快乐与遐想。这朵平凡的浪花，辛勤地耕耘在自己喜欢的三尺讲坛，每天把知识、关爱与快乐在孩子们心田播撒，并乐在其中。"（摘自胥新华的随笔《愿你们灿烂如花的笑靥，是由我而绽放》）我深深地记得，带着留恋、感慨转身告别校园那一刻的胥新华老师的形象。当退休时，她将自己写的两本随笔《大半生小记》交到我手里的时候，我首先看到的是这段留着温暖、温情的话语，它将一股暖流注入了我的心田。我想，我们的职业生涯，并非想象中的那么漫长，这就更需要用心地讲好属于我们每个人的教育故事。

一个个教师的成长案例，使我坚定地认为：教师的成长，内因固然重要，但是来自外部环境的被需要、被认可、被尊重同样重要。成长是一个复杂的课题，同时也是一个简单的课题，教师在成长中取得的点滴进步，哪怕来自内心情感的变化都是成长。

成长是一种美，分享是一种美，行动的力量更是一种美！在追求美的道路上，我将带领教师继续快乐前行，希望以美，成就更好的教育；以教育，成全更美的未来！

第五章 焕发课程的活力

课程育人的探索是没有尽头的。它既涉及我们对育人的定位，又涉及对相关课程的统筹和整合；既涉及对学情、教情的思索与理解，又涉及对更为科学、更为有效的方式方法的研究和探讨。这是一条坎坷的路，却也是一条幸福的路。它在成就一所学校的同时，也成就了一名名的教师、一个个学生。

第一节 绘制课程图谱

在育人实践的过程中，我一直在思考：什么样的教育才是美好的教育？

我认为，还是得回到德、智、体、美、劳全面发展的“五育并举”上来。因此，学校细化育人目标，将德、智、体、美、劳纳入课程要素，聚焦发展学生核心素养，构建了“258”尚美多元课程体系。“2”为两大板块，即必修课与选修课；“5”为五大学科素养，即学科基础知识、形成基本技能、积累基本经验、培养基本品质、生活基本态度；“8”为八大课程类别，即在国家课程标准的基础上，打破现有教材局限，重新构建的道德法治类、语文国学类、英语主题类、数学情境类、科学万物类、艺术精神类、身心两健类、劳动实践类八大类别课程，将教师的课程意识、课程开发能力、课程实施能力纳入课程培训，以课程发展学生、发展教师、发展学校、发展“芙蓉教育”未来。

学校课程体现三个层级：国家课程校本化、校本课程特色化、教师课程个性化。

1. 国家课程校本化。

对于国家课程的实施，我们建立“大课程观”，以课标为纲，以教材为辅，创造性地开展教学。

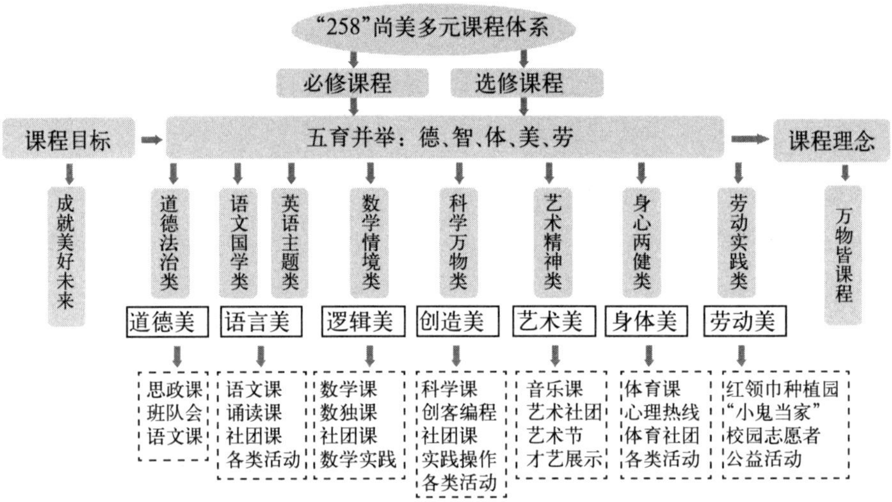

比如，语文国学类——“语文＋诗意”课程。

学校落实语文学科提升计划，语文教学融入整本书阅读、经典诵读、诗歌楹联、书法绘画教育，形成大单元构建的诗意语文课程。课程有两大内容，一是整本书阅读研究。学校成立骨干教师团队，梳理学生阅读书目，结合思维导图与阅读单，辅助学生掌握阅读方法、形成良好阅读思维。通过“师生共读一本书”“生生共读一本书”“亲子共读一本书”活动，引导学生广泛阅读。二是特色活动促发展。通过“童诗润心灵”“楹联扬风采”“诵读提素养”活动，发挥“中国楹联教育基地”的带动作用，弘扬传统文化。

学校以中国楹联教育基地为依托，深入推进“趣味诗联”课程建设，建立楹联研究工作室，用一年左右的时间，探索小学楹联创作教学的方式方法，编写校本教材，设置不同的内容，供课堂教学使用。一、二年级，以辨别汉字的平仄声为重点，结合语文教材，加强认字、组词训练，强化基本功，打好声律基础；三年级以学习掌握词性为重点，结合语文教材，正确认识各种词的主要特征，熟练分辨句子中的词性结构；四年级以学习掌握句子成分为重点，正确分解句子结构，认识各种句式；五、六年级要在此基础上，重点学习楹联词对和声对的基本规则，并能写出符合格律要求的五字联至九字联。

在此基础上学校提倡诗歌创作，从初步感知意象到深入理解诗意，再到探究诗境以至理解情感，都体现了以教师为引导，以学生作为探究主体的合作过程。课堂面貌活泼，生命活力涌流，学生通过诵读经典诗文，激发了诵读兴趣，增加了传统文化的积淀。

同时学校还开发了三大校本支柱课程：一是国学经典。整合课程资源，将国学经典按照年级特点分别融入不同年级。一年级《弟子规》，二年级《三字经》，三年级《笠翁对韵》，四年级《论语》，五年级《道德经》，六年级《大学》《中庸》《庄子》《孟子》等；二是诗歌经典。精选三百多首古诗词，作为小学必背内容融入诵读，每周一首，晨读晚诵，由少到多，聚沙成塔，为培育文化底蕴打下坚实的基础。三是儿童文学。结合潍坊市教育局下发的中小学生必读书目，我们给学生推荐了二百八十八本儿童读物，并且进行了阅读分解，根据内容深浅确定年级阅读书目，让学生利用假期，在课后进行整本书阅读，每学年进行阅读达标抽测。从小培养学生阅读的兴趣，发展学生的情感思维，力争六年时间，给学生打下坚实的语文素养基础。

2. 校本课程特色化。

体系构建完成，我们充分挖掘潜力，利用教师特长，组织教师专门学习相关技能，开设学生需要和喜爱的课程，让每一位教师成为课程的实施者。同时拓宽渠道，让有一技之长的家长、社区志愿者参与学校课程，让社会资源共同参与开发特色课程，彰显学校的“多彩”教育特色。根据学生特点和学科特点，我校研发了一批符合校情、学情，富有校园特色的校本课程。

学校艺术课程主要有合唱、舞蹈、书法、绘画、剪纸等。其中童声合唱团自 1999 年组建以来，一直坚持高起点、高水平的发展思路，在培养学生个性特长的同时，也收获了良好的社会效益。合唱团先后两次举办童声合唱音乐会，多次参加市委、市政府组织的大型活动和公益演出，2004 年 9 月参加了中央电视台《同一首歌》的录制，社会声誉与日俱增，成为一支享誉潍坊大地的童声合唱队伍。年年区艺术节，合唱团均获一等奖。合唱社团的组建，似春夜无声的细雨，滋润着孩子的心灵，为校园生活增添了美好与温馨。

2015 年学校引入了非遗课程面塑、剪纸、纸盘画，让学生玩转“指尖上的艺术”。潍坊市美术馆非遗空间的孟祥祥老师担任面塑授课教师，孟老师通过传授“一印、二捏、三镶、四滚”等技法，引导孩子们用双手在面团上揉、搓、掀、捏，再用笔、小塑料片等划、刻，不一会儿，一件精美的作品便诞生了；2018 年，学校聘请了国家非遗传承人范云老师担任剪纸社团教师，每月到校上课一节，工具与材料虽简单，一把剪刀、几张彩纸却让孩子们剪出姿态万千的人物、生机盎然的花草树木……同时，孩子们还将京剧脸谱、青花瓷绘制等与剪纸艺术相结合，创作出一件件栩栩如生的作品。“小葵花”美术社团的纸盘画、剪纸每年都参加传统文化节展演，孩子们制作的近几百件精美作品，受到社会各界的一致好评。

益智课程由数学教师根据教材和年龄特点，与学生的生活密切联系，自行安排有助于学生思维开发的游戏，如数独、七巧板、魔方等，借助这些活动，开发学生思维。2019 年数独社团的孩子们参加了潍坊市数独比赛，中年级团队获得市比赛一等奖。

书法课程主要是为三至六年级开设的软笔书法课程，邀请山东省教育书法家协会会员、退休老教师刘思成每周到学校授课。课堂上刘老师教给学生正确的执笔运笔姿势、正确的读帖方法和临帖方法，不但使学生养成良好的写字习惯，还培养了学生气质。书写内容为课内外文章、诗词、对联或名言、警句之类，一词一语、一章一节，流泻笔端，铭刻心间。

体育教学除了在课堂教学中渗透球类、武术教学之外，学校还开设多种形式的体育社团。从 2018 年起，学校邀请潍坊市非遗传承人桂经武老师利用社团课向学生传授八极拳，同时学校与潍城区童威武馆签订长期合作协议，利用周二至周五的体育活动时间进行中华武术训练，训练不设门槛，开展普及性体验教学。学校课间操编排也加入武术内容，不仅可以强身健体，还激发学生对武术的热爱，让尽可能多的学生得到艺体教育的熏陶，体验学习的乐趣。武术社团学生每年参加市区两级武术比赛均获佳绩。2021 年 4 月参加第 38 届潍坊国际风筝会暨潍坊武术文化节邀请赛，获集体项目第二名，个人项目四金、四银的优异成绩。

另外，创客社团、无人机社团以及航模制作、创意编程、诗联教学、拉丁舞、街舞等课程也深受学生喜爱。丰富多彩的校本课程，为每个学生提供了可供选择的课程，最大限度地满足了学生个性发展的需求。

结合学校丰富多彩的尚美课程，学校定期开展“五美少年”评选、“芙小吉尼斯”、主题活动月、才艺大比拼等活动，培养了芙小学子的综合能力和尚美情怀。在各级各类活动中屡获佳绩。每一个学生都是独特而美好的存在，尚美课程培养了学生的审美情感、审美思维、审美观念。

3. 教师课程个性化。

学校鼓励在教学时，教师根据课程标准、教学需要、自己的兴趣爱好创设有利于学生发展的课程，最终形成自己的个性化课程。

李云老师的“从绘本，走向微课程”，结合英语学科特色，融绘本于语法知识教学——感知情境，自然习得；融绘本于课时教学——扩充资源，丰厚课本知识；融绘本于模块主题探究——深度融合，聚焦核心素养；融绘本于语篇阅读教学——解构文本，培养学生高阶思维。

吴丽红老师的诗楹课程，每日一诵《笠翁对韵》，每堂语文课渗透楹联启蒙教育，吴老师采取从基础做起、稳扎稳打的方式从一字对开始教起，结合节假日开展楹联创作活动，扬楹联之美。

姜奕彤老师采用“触类旁通，以范作激发灵感；教给方法，感受诗意语言；加强训练，使勤思形成习惯”的方式，实现诗歌教学的“童谣—童诗—诗歌”三级跳，培养学生诗意人生。

王文君老师的“根式”教学……

尚美多彩课程的研究与实践，改变了课堂，提高了老师，发展了学生，真正使我们的课程实现了它的价值。《中国教育报》曾分别以“构建多彩课程　润泽花样童年”“实施尚美教育　培育核心素养”“以劳动联通更广阔的教育空间”为题，对本校进行了教育典型经验报道；学校五项教育教学成果分获潍坊市政府成果奖及“潍坊市中小学教育教学重大问题行动研究”优秀成果奖；“小学四位一体‘尚美’活动育人课程的探索与实践”获潍坊市“立德树人教学成果”创新项目奖……

课程创新是学校教育的永恒主题。什么是素质教育？认真贯彻、全面落实、创造性实施国家课程方案，就是在扎扎实实地实施素质教育，就是在全面贯彻党的教育方针。学校从课程出发，以适切的尚美课程带动学生的多元发展，让每一个生命都绽放光彩。

第二节　语文也可以这样教

学科之间的界限，不应刻意搞得那么明显，尤其是小学阶段。这是我一直以来的观点。

语文就是语文，没有数学、道德、劳动的因子吗？显然不是；数学就是数学，没有语言、实践、体育的因子吗？显然也不是。当我们过于强调学科与学科之间的不同时，我们已经将这门学科狭隘化了。在现代教育的背景之下，分科有着它重要的原理，但在具体的教学过程中，却可以实时实地地灵活处理。当我们从“学生是完整的生命”这一观点出发进行教学的时候，我们会力所能及地将那个界限打破，从而带给学生不一样的感受，从而于无痕迹处全方位地提升他们的素养。

“清明前后，种瓜种豆。”下午第一节课，跟娃娃们来到我们的小菜园。

地已经被一诺妈妈和浩卿奶奶翻过了，被细心地整理成一垄一垄的。

豆子和花生已经被泡得变胖了许多。

地方不大，所以没有办法让孩子们自己翻地，也就让他们失去了亲身感受泥土变得松软的机会。

先是跟孩子们讲解一下如何种：距离不要太远，要两颗豆豆挨得近一点，这样可以保证种子的发芽率。

孩子们拿起小豆豆，小心翼翼地放在垄沟里，遇到有土坷垃的地方还把豆豆往旁边挪一挪，生怕土坷垃把豆豆压死了。

我们按照一个小组一条垄沟的方式，把豆豆种在垄沟里。

把豆豆放好以后，我们又看着浩卿奶奶用土把豆豆都盖好，让它们在温暖的土地里生根发芽。

回到操场上，我们围成一圈，席地而坐，一起梳理种豆豆的过程。

“谁能说说我们种豆豆的第一步需要做什么？”“浇水。”“不对，是要翻地！”

“那么，如何翻地呢？”

“老师，我知道，我爷爷奶奶用锄头翻地！”“还可以用铲子！”

“特别棒！那我们翻地的目的是什么呢？”

“是让土变得松软！”

“老师，我还知道蚯蚓的作用就是让土变得松软！”我班的小睿睿简直就是百科全书啊。

“对！土壤变得松软了，对我们的小豆豆有什么帮助呢？”

“它可以早日见到阳光！”

“它可以长得更快！”

“好，那接下来第二步是什么？”

“挖出一条一条的沟来。”

“不对，老师，我觉得应该先浇水。”

“对啊，需要先浇水。那你知道浇水有什么作用吗？”

“可以让豆豆快一点发芽。”

“豆豆可以长得更好。”

“对，这样小豆豆就可以充分地吸收水分和营养，那么它的成长就会有保障了。”

孩子们一直认真地参与我们的总结：“那接下来我们就需要挖垄了。像这样把土地弄成长条状能让豆豆有地方生长，这个叫作垄。这个垄的深度大概是多深？”

“10 厘米！”“5 厘米！”……

大概是他们对深度没有具体的概念，于是我拿着尺子比了比，让他们有了具体的概念——四五厘米。“太深或者太浅了会有什么影响呢？”

他们又开始思索。

“是不是太深了就长不出来了？”“太浅了它就干了，没办法发芽了。”

“对啊，我们住房子也要合适，太高或者太矮都不合适啊。”

“接下来，我们做了什么？”

“把豆豆放在垄里。”

“放置豆豆的距离有要求吗？”

“两颗豆豆挨得近一点。”

“这样做是为什么？”

“这样是防止万一有不发芽的。”

“对，为了保证发芽率，即使这个小豆豆不发芽，它旁边的小豆豆也可以发芽。小豆豆种上了，接下来呢？”

“用土把豆子盖好。”他们纷纷抢着说。

“那猜一猜，它们多久就能再见到我们了？”

“老师，一个月！”

“二十天！”

……

“记好你的答案，到时候看看谁猜得准！”

把这份期待留给他们，想来，也是有惊喜的吧！都猜了那么久，估计等到小芽破土而出之时，他们脸上的惊讶绝对不会少。

这是我校李艳秋老师的小随笔《小菜园上新记》。全文没有华丽的辞藻，没有多余的修饰，只是用对话的形式描述了李老师和孩子们种豆的过程，然而读后，却令我深受感动。

不夸张地说，这是我近期看到的最棒的随笔了。短短一千多字，不仅透射出艳秋老师对工作的用心、对学生的爱心，更透射出她的教育思想和教育智慧。教师的教学，绝不仅限于教材上固有的东西，教材之外的知识同样有着非同一般的价值，而这恰恰是令学生受益无穷的。我加了几句评语后给老师们进行了转发，请老师们认真阅读、细细品味，希望大家能够从李老师的这篇小短文中受到启发。

虽然只是一次简单的种豆活动，却体现了艳秋老师的大教学观。她将劳动教育、写作教学、口语交际、数学知识、科学知识等融合于一次小小的种豆活动中，将班级种植角的作用发挥到了无限大。老师带领学生播种的同时，自然而然地渗透了各种农业小常识（“清明前后，种瓜种豆”；种豆前要先翻地，让土壤变得疏松；下种不能挨得太近，不能离得太远，也不能埋得太深或太浅），渗透了科学小常识（泡了的种子发芽会更快；为了便于豆豆生长要先挖垄；下了种要接着浇水），渗透了发芽率的问题（原来种豆也需要数学），还渗透了种子的成长需要时间，需要不断地呵护……

对于我们成人来说再也简单不过的种豆，却涵盖了语文、数学、科学等多方面的知识。这种大教学观和学科融合思想，既让学生体验到了知识间的联系，帮助学生建构了学科大概念，又渗透了知识来源于生活，同时又服务于生活的思想，还体现了老师无边界的育人观。师生种豆的过程，就是劳动教育的过程，让学生体验到劳动不仅需要付出，更要讲究科学。播下的是种子，同时也播下了责任和希望，未来的日子里，豆豆会在孩子们的期盼、呵护中发芽、开花、结果，孩子们也会伴随着种子的成长，体验到生命的宝贵和力量，增强劳动的责任感，品尝收获的快乐。

就这篇随笔体现出来的师生关系而言，我更欣赏老师和学生在活动中体现出的融洽。亲其师，信其道，融洽的师生关系是开展一切活动的基础，而这里的种豆过程，就是与学生建立这种关系的过程。师生之间对话关系的建立，靠的不是时间，而是一个个像种豆一样看似稀松平常的日常小事，它不仅是外在形式上的亲切、礼貌，更是内心念头、思绪、情感的碰撞。一旦这种关系建立了，老师就能准确地感受到学生的气息，学生也能敏感地感受到老师的关爱，老师的一言一行孩子们都能读得懂，这种无比温馨的师生关系才是最有价值的！

有一天上午大课间结束，远远地看到有个班级排着队在操场西边的袖珍小菜园边站着，当时我想：这个班级是不是做操不认真被班主任留下训话了？但看孩子们的状态和神情又觉得不像。为了解开这个疑惑，我站在原地默默地等待着。不一会儿，队伍里多了一个人——艳秋老师，她正站在队伍里和孩子们讲解着什么。我立马明白了：清明节她带着三年级（1）班的孩子们种豆时，曾经约定二十天后看豆豆的发芽情况，今天刚好是种豆后的第二十天。好有心的老师啊！

几分钟后，我再次来到操场，看到三年级（1）班的孩子们像做游戏一样，围坐在艳秋老师身边，形成一个不规则的大圆圈，艳秋老师则被围在正中间，她一会儿坐着，一会儿站着，和孩子们互动着、比画着。我听不见他们在交流什么，但从孩子们争相发言的举动，可以看得出这是一堂优雅而美妙的语文课，孩子们的发言就是美妙的交响曲。我被这返璞归真的教学生态感动了，想给他们留下美好的记忆，就轻轻地走向他们，远远地拍了几张照片，也隐隐约约听到了他们的聊天内容，果然是交流着豆豆发芽的事。

而时隔不久，我就看到了艳秋老师关于本节课的新随笔：

> 我们小菜园的豆子已经发芽了，几场春雨过后，长得格外快。小小的豆苗在春风中各具情态。
>
> 恰好，第五单元的习作是童话。
>
> 小菜园和童话，简直就是天作之合。
>
> 第三节课，我领着孩子们来到我们的小菜园。或许，生命就是这样的神奇。有的豆苗已经开始摇曳生姿，有的豆苗刚刚探出自己的小脑袋——豆瓣还没张开呢。
>
> “小豆豆刚刚钻出泥土的时候是什么样子的？”我们又围坐在一起，聊我们的豆苗。
>
> “两个豆瓣紧紧地抱在一起。”“豆瓣是在一起的。”
>
> “你能用一个比喻句来形容吗？像什么？”
>
> “像绿绿的小水珠。”“像绿色的翡翠。”“像刚出生的娃娃。”
>
> “豆苗慢慢长大了，它睁开了眼睛，遇到了破土而出的第一个朋友，会是谁呢？”

“小蚂蚁！”估计是刚才观察时一窝一窝的蚂蚁给了他灵感。

“阳光。”“小雨。”

……

“那它会跟阳光说些什么？”

“谢谢你，阳光姐姐。我感受到了你的温暖。”

“阳光婆婆，这是我们豆豆的地盘，你喜欢我们身上的味道吗？”

“它还会跟它的邻居爬山虎说‘不要进入我们豆豆的领地’。”小睿睿说。原来，我们小菜园旁边的栏杆上爬满了爬山虎。孩子们的想象力真是独特。

“还会遇到谁？”

“蝗虫。”“慢吞吞的蜗牛。”“小雨。”“蓝天。”“奄奄一息的树叶。”“爬山虎。”

……

“遇见蝗虫的时候，它们会做什么？”

“它们会反击！”

“怎么反击的？具体的动作、脸上的表情是怎样的？”

“它们会斜着眼睛说：‘不要侵入我们的领地！’”

“‘斜着眼睛’这个词用得特别好！”

“它们会掐着腰，大声喊：‘不要侵入我们的领地！’”

“对，就是要这样细致的描写，把豆苗们的团结和威武表现出来！”

教师的职责是什么，不是单纯地上好课，而是要实现每一个学生的学习权，任何一个孩子的思考、困惑和挫折都应当被老师视为精彩的表现加以接纳(佐藤学语)。这节课，每一个学生都参与其中，没人掉队，没人神游，个个都争着表达自己的观点。这样的学习是灵动的、高雅的、美妙的、开放的，这样的教学是拨动每一个孩子心弦的教学，谁又愿意分心呢?

杜威描述过三个层次的教学，他说第一层次的教学是将每堂课都看作一个独立的整体，第二层次的教学是关注到知识间的融会贯通，第三层次的教学是关注到真实世界与学校教育的关联。无疑，艳秋老师的教学就属于第三层次，她打通了学校教育与真实世界的路径，带领着孩子们为真实而学，在真实中学。她这种教学创造源于教育理念的转变，源于专家思维。经常在文章中看到、在报告中听到“要像专家那样思考，要用专家思维做教育”，什么是专家思维，这就是专家思维，我们的老师就是专家。我期待着更多的专家老师出现，也期待着孩子们通过这样全科性质的学习遇到更多的美好！

第三节　心有多亮，文有多美

有人说，老师应该是一个杂家，一个老师的兴趣越广泛，风格便越多样。学科与学科之间的界限，不应该固化，恰恰应该打通。越是年幼的孩子，这种带有综合性的学习对他的成长益处越大。学习心理学对于李春霞老师来说，是一种发自内心的爱好，同时也给她的语文教学带来了巨大的改变，使她的学生走上快速发展之路。

周三下午选修课，十三名五年级的学生（七个男生和六个女生，随机挑选的）来参加OH卡牌心灵游戏课。我们环坐在一起，每人抽一张小牌，没轮到自己说牌的时候不能翻开牌面来看。

我说完游戏规则后（以“我”开头说一句话或编一个故事），同学A开始了他的卡牌的述说。

A同学：“我家的灯泡坏了，父母都不在家。我请邻居帮忙。邻居说帮忙可以，但你要付我费用。”

停顿了一会儿，A补充说：“这个‘我’比较穷，邻居却很有钱。”

“邻居却很有钱。”我重复了一遍他的话。

“是啊，他很有钱，还跟要我费用。”A头也没抬地解释说。

在孩子的内心里有一个想法，比自己富有的人应该无条件地帮自己。“什么人应该怎样”的想法是怎么来的？孩子有这样的想法，对他的人生会有什么样的影响？他怎么会把自己归到穷的范畴里？

考虑到的问题，在OH卡牌游戏里是不能一吐而快的。说教的意味一浓，孩子就对游戏不感兴趣了，也不敢在游戏里说真话，表达真实的感受。我们带领者要在不评判的前提下，带着好奇引导孩子探索自己，接纳孩子目前的口语表达状况和心理状况。

孩子呈现出来的状况还会在后续的游戏中多次出现，这种状况多次出现后，学生还没有觉察的话，我们可以点拨一下：“在很多次的游戏中，都会出现一个比你有钱的人不愿意无条件地帮助你，对于这种情况，你是怎么想的？”

对A同学来说，OH卡牌心灵游戏课就像在他的心灵池塘里投下了一粒石子，那些涟漪会引发他思索，对他那些坚定不移的念头有一个松动。他会看到更多的自己及周围，对邻居角色的态度会有所理解，自己内心的冲突会减少，“他很有钱，还跟我要费用”的怨怼会有所减轻。从受害者的角色中走出来，自己的世界变大，他才有可能成为心理上富有的人，才能可能在长大后成为现实生活中富有的人——富有不仅仅指物质财富。

B同学按规则接着A同学的故事来讲述：“我和邻居一起往我家走，路过一个山洞……”

刚说到这里，F同学不顾我前面说的游戏规则，打断B同学说：“邻居两家怎么会有山洞？”

F同学在明知不能打断其他同学讲述的情况下，依然忍不住问出“邻居两家怎么会有山洞”，可见这句话对他是多么的重要。重要的是什么，这是F同学需要思考的问题。

其他同学也七嘴八舌起来：“你不能打断别人说话。”“邻居两家也有隔得远的啊！”“你们别说了，快继续吧！”……

带过团体辅导的人都知道，这是团体在工作，每个人说的话都很有意义，既能帮他认识自己，也能帮到团体里的其他人。

“你看到什么？”作为老师，我行使了我的职责，把话题还给了B同学，B同学接着说起来：

“我看到一只大狗在山洞前。”

“你的感受是什么？”我问他。

“我没有感受。”B同学抬起头看了看我又继续说起来，“邻居很害怕，说我们还是不过去了吧。我的部分说完了。”

害怕的是谁？在意识层面，这个孩子不知道那个害怕的人其实是他自己，那个害怕藏在他的潜意识里。家长们常说孩子写的东西干巴巴的，没有真情实感，这就是根源之一。对于这个孩子，等到他有足够安全感的时候，锻炼他表达真实感受的能力，他的恐惧就不会留在心里。学会表达真实的感受是作文表情达意的第一步，我后面还会引导他明白为什么他会说“邻居很害怕”，只有开启隐藏的内在心理状态，内心混沌的部分才会得以澄清。

不一会儿就轮到了E同学，E同学这节课给我的印象最深。他之前先是多次找到我，让我不要让某同学加入团体。我问为什么的时候，他就回答我说某同学很烦人，老欺负别人。

当其他同学述说卡牌的时候，他在座位上不停地扭来扭去，和邻座耳语。

当翻开自己抽的OH卡牌，他就笑个不停，动作很夸张。

“你笑什么？你看到什么了？”我问他。

“我看到一个五颜六色的冰激凌，怎么这么大啊！你看，一块绿色、一块红色、一块黑色，还有巧克力色。这么多颜色的冰激凌。”说着他又笑起来。

夸张的笑是一种掩饰。他在掩饰什么？这是今后课上需要逐渐帮他理清的内容。

在同学回应的这个环节中，要让同学们再次知道，E同学的牌他看到的是这样子，你们看到的牌面会不一样，每个人的感受也会不一样，没有所谓正确的解释。

每个同学陆续都把自己的卡牌说了一遍，内容或长或短。团体里的同学会给他一些回应，这些回应也是有规则的——不带评判和指责，说出自己对对方讲述内容的感受。

即便是这么要求，评判和指责也会冒出来。作为老师，就要引导同学探索他的“评判和指责”是从哪里来的，也要问问讲述者听到他人指责后的感受是什么。

在所有同学的讲述结束后，可以把大伙串联的这个故事复述出来，还可以再抽一张大牌，也就是字卡，每一位成员轮流将自己的图卡放在字卡上面来形成一个个不同的故事。

这是来自李春霞老师指导学生写作的一个趣味横生的案例。

“工作中，我也经常用‘凤头、豹尾、猪肚’‘首尾呼应’等办法来指导学生作文，我逐渐发现在小学阶段，更让学生头疼的是‘写什么’。‘难忘的一件事我有，但寥寥几句就说完了，好像有很多要表达的没有表达出来’‘背了很多的古诗、美文，却不知道如何用到自己的文章里’‘觉得自己缺乏想象力，题材千篇一律，难以表达真情实感’……心里有笔下无是小学生比较苦恼的问题。如何让孩子们表达出自己的所思所想，表达出自己的真情实感呢？”

李春霞老师遇到的这些问题，也是许多小学语文老师遇到的问题。李老师是一个有思想、有见解、有行动力的老师，在接触心理学之后，她逐渐认识到，让学生头疼的“写什么”很多时候是源于学生内心冲突，心理层面混沌不清。这是因为目前大多数家庭的养育，在孩子成长的过程中，“个人感受”恰恰是最不重视和受到打压的。时间一久，大人的话成了孩子认为对的东西，而他们自己的那些“真实感受”被压抑下去。一到作文的时候，“真实的感受”与“大人的说法”在内心发生冲突，造成意识上的模糊不清，学生的所见、所闻、所思、所想也就难以顺畅地表达了。

李春霞老师意识到，只有让孩子有机会将内心的语言说出来，内心混沌的部分得以澄清，孩子才会用文字表达出自己的心声。

她注意到，OH 卡牌心灵游戏恰恰能将解决孩子内心冲突与作文训练结合起来。因此 OH 卡牌成了她辅助学生作文的首选。

李春霞老师借助 OH 卡牌辅助学生作文研究思路并梳理内心，可以说做到了“我口说我心、我手写我口、我手写我心”。而她的具体做法则更富于启发性。

首先让学生认识 OH 卡牌。在展示 OH 卡牌实物后，向学生介绍 OH 卡牌。

OH 卡牌又叫“潜意识投射卡”。它一共一百七十六张牌，由两组牌组成。小牌是图画卡八十八张，包含了生活各个层面的水彩画图案。大牌是引导卡八十八张，上面有文字，可以作为这些水彩画图案的背景，反映出角色互动和情欲投射的情绪反应。选择任意一张图卡放进任意一张文字卡，那么就会有七千七百四十四种不同的组合。人们借助不同的图案和文字，说一说看到了什么，想到了什么、有什么感受等。

李老师接下来介绍 OH 卡牌游戏规则。

规则一：当孩子不想翻开自己的牌面，或是不想描述自己抽到的牌面，孩子可不需做任何解释，直接跳过。

规则二：给孩子多点时间完成自己的描述，勿打扰孩子，打断孩子。

规则三：不解释孩子抽到的牌，甚至刻意凸显自己的解释比较正确。

规则四：不反对孩子的解释，更不要与孩子争论。

规则五：接纳孩子目前的口语表达能力和心理发育状态。

规则六：做一个倾听者而不是教导者，让孩子自己探索前行。

规则七：不借助牌窥探孩子内心，了解孩子是为了呵护孩子成长。切忌在沟通交流或争吵中利用孩子玩牌说过的真话打击孩子。

OH 卡牌心灵游戏方法多样，为了更适合小学生作文使用，李老师初步采用了 12 ～ 15 人小团体辅导的形式。

OH 卡牌心灵游戏围绕五个问题展开探索：

①图卡中你看到了什么？

②在这个画面中，你在哪里？（或画面中的人或物是谁？）

③画面中的人或物跟你有什么联系？跟文字有什么联系（如果使用字卡的话）？

④以“我”开头说一段话或编一个故事，把画面内容和文字内容融合在里面。

⑤这幅画面和文字跟你的困惑有什么联系？（你做这样的解读背后意味着什么或能给你带来什么？）

结束时可展开的探索：

①现在的心情怎么样？

②你对你的困惑有什么新的认识？

③你还愿意抽牌吗？

④……

玩游戏的时候不必拘泥每个环节是否都要来一次，也不期待孩子会给出想要的答案。比如“在这个画面中，你在哪里”，孩子可能回答：“我没想过我在哪里？反正不在图画里。”

最后就是写作了。李老师以‘我口说我心’的形式开始单独辅导、同桌互说、内向小女生团体、有趣的大团体、全班接龙等活动，然后“我手写我口”，将学生口中鲜活的语言变成优美的文字，接着进行各种形式学生作文展示提升学生写作兴趣，组织作文竞赛等促进作文写作。

就是这么一个看似灵机一动的巧妙方法，却取得了出乎预料的效果。它增进了同学之间的关系，使他们学会了如何与他人沟通；促使学生自己悦纳自己，进而关爱自己，提升自我价值；提高了学生认知能力，让学生更加了解自己；学生观察能力和口头表达能力得到了提高，对作文产生了兴趣，写作言之有物，能表达真情实感；梳理了学生内心冲突，减缓了作文难度，让学生爱上了作文。

第四节　数学阅读也很美

教育家苏霍姆林斯基曾说，让学生变聪明的方法，不是补课，不是增加作业量，而是阅读、阅读再阅读。他还指出，凡是没有学会流利地、有理解地阅读的人，是不可能顺利掌握知识的。

但许多人却存在一个误区，认为所谓阅读，就是要么阅读古代经典，要么阅读文学作品，要么阅读历史著作，而这就将阅读狭隘化了。其实，阅读包含的层面是极为广泛的，就是在一般人眼里枯燥乏味的数学，也同样需要阅读。

《义务教育数学课程标准》指出，数学是作为对于客观现象抽象概括而逐渐形成的科学语言与工具。它是一种语言，一种精练的、科学的语言，既然是语言，就需要阅读，而且需要带着专注的态度与思考的品质去阅读。如此，才能走进它的内里，体会它的内涵，把握它的律动，享受它的美感。而从最为现实的问题出发，在各类考试中，为了能真实地考查学生的思维品质和能力，数学阅读理解题频出，篇幅较长，分值提高，如果阅读水平跟不上，那就无从下手，自然也难以得到一个理想的分数。从这个层面来看，我们的考试，也在有意引导孩子们去阅读数学。

数学这门功课的特殊性，决定了它“不要死读，要带着思考去读”，要透过表象悟其内涵，这种理解，带给我们的思考就是：在丰富数学阅读资源的基础上开展数学阅读活动，并根据活动补充资源！于是，一个鲜明的问题就摆在我们面前：“方法”，怎么读？“形式”，怎样呈现？也就是说，我们需要知道通过怎样的途径，才能体现数学阅读的“有效”，才可以提升学生的数学素养。

为达成这一目标，学校首先构建了三级数学阅读模式：低年级“绘”讲数学，中年级“演”绎数学，高年级“践”行数学。基于教材中的疑点难点，确定阅读内容；采取领读、指读、默读的基础阅读，速读、跳读、精读的有效阅读，以及各学科融合、关联数学材料的阅读方式，从学生的年龄特点、知识结构、思维水平出发，努力做到阅读有层次、有深度、有广度！

1.“绘”讲数学。

第一种，主题引导式，绘本故事都有一个鲜明的主题。

如：一年级上册学习“分类”时，与孩子们共读《安安的烦恼》，确立主题“有什么办法能快速找到需要的物品”“在一定条件约束下，又怎么分”，以此引导学生进行阅读，并进行情感体验，最终发现“分类的物品是一样的，但分类的标准不同，分类的结果也不同”。同时，融合《道德与法治》中的“整理书包”、《心理健康教育》中的“书包总动员”，再读并深入思考“分类整理物品，生活变得更整洁”。

第二种，表演延伸式，让孩子们在情境中获得真实感受。

如：学习“加法的意义”时，教师结合学生喜欢的故事《三只小猪》改编剧本，让孩子们演。将文本延伸到真实的生活中，并在真实情境中感受“合”，借助于此，让孩子真正理解“加法的意义”。

第三种，读写结合式，依托故事里的图画，用简练的语言将故事中的知识点描述下来。

如：一年级学习“认识钟表”时，教师进行学情分析“如何准确表达时间”。这是一个难点，为了化繁为简，教师引入《嘀嗒嘀嗒当当当》绘本故事，在阅读情境中将对时间的认识与生活实际联系起来，鼓励学生制作学具、编写顺口溜。孩子们可以独立完成，也可以和家长共同完成。通过这种方式，不但推进了数学阅读，而且增强了孩子们的动手能力和表达能力。

2.“演”绎数学。

对于概念性知识，先熟读概念，再探究来龙去脉，比较联系，最后内化掌握。如：四年级学习“线与角”时，采取的就是师生共同用肢体语言表达、演绎的方式。

对于几何知识，可以按分析文本中的条件、铺设知识间的串联、编写数学故事的方式进行。如：四年级在教授“两点之间，线段最短”“点到直线的距离，垂线段最短”时，可以编写一个宝宝历经艰难找妈妈的故事，在活动中体验，既便于理解，又能牢固地掌握数学知识。

对于代数知识，可以采用听、看相结合的方式。如：四年级学习“乘法分配律”时给学生推送数学戏剧《小熊卖鱼》；五年级学习“因数和倍数”时给学生推送数学戏剧《一篮子鸡蛋》。通过听与看的结合，学生在思考和探究中，整理分析思路，拓展运用，以此加深对数学知识的理解与掌握。

疑点和难点，也可以通过阅读思考来解决。如：五年级小数除法中有这样一道应用商不变的规律解答的题目，考查的是学生对商不变规律的掌握情况。大多数同学受 $2.5 \div 0.4 = 25 \div 4$ 这道题的影响，认为商不变，余数也不变。光靠讲道理学生很难理解，为此，教师们将问题放置于具体故事情境中，抓住契机，给学生介绍“三读、二画、一析”的方法。

三读：先读两遍，边读边想“讲了一件什么事”；再慢读一遍，按题意用逗号分段，边读边想：有几条数学信息？与哪部分知识相联系？

二画：把数学信息画出来，提取关键词。依据这些数学信息，实现数学语言、数学符号、数量关系等的转化。

一析：根据数学问题逆向分析，正向解答。

这中间，进一步指导学生梳理遗漏的信息，理解“130 只梨按每筐 10 只，有 13 筐；20 只梨按每组 10 只，有 2 组；再将 13 筐平均分给 2 组，余下 1 筐（也就是 10 只梨）”。

学生恍然大悟：“被除数和除数同时除以 10，商没有变化，但是余数变化了。”

教师启发学生：“被除数和除数同时乘以或除以一个相同的数（0 除外），商不变，余数同时乘以或除以相同的数。”

这种借阅读将思维引向深入的方式，既轻松又愉悦。

3．“践”行数学。

将数学学习与生活实践有机结合起来，让数学情境化、现实化，从而使学生学有所用、用有所得。比如：在学习“求不规则物体的体积”时，给学生推送了《少年智力开发报》中《鱼缸里的学问》，学生“阅读材料→亲身体验→分析原因→整理思路、记录情况”，形成数学日记。另外，还融合《语文》中的《乌鸦喝水》以及《科学》中的“沉与浮”等内容，体会知识点。

学完统计图后，针对自主练习中的投篮实践活动，将课堂移到操场上，让学生在仔细阅读题目后按要求定规则，“亲身体验→收集数据→整理数据→绘制图表→汇报结论”，让学生真正践行数学。

除了课堂渗透数学阅读外，教师还根据所学内容开展相关数学实践活动。如，在学生学习了“人民币的认识”以后，为了发展学生数学思维，密切数学与生活的联系，年级布置“我是小小调查员”“家庭一周的零花钱”等主题活动，让学生与家长一起实地调查、查阅资料，了解货币发展史、常用物品价格、记录一周零花钱等；学习了“统计”后，让孩子们统计自己一周的体温变化；学习了“百分数”后，布置学生开展种豆实践活动，通过计算发芽率，让学生亲身感受百分数的意义。

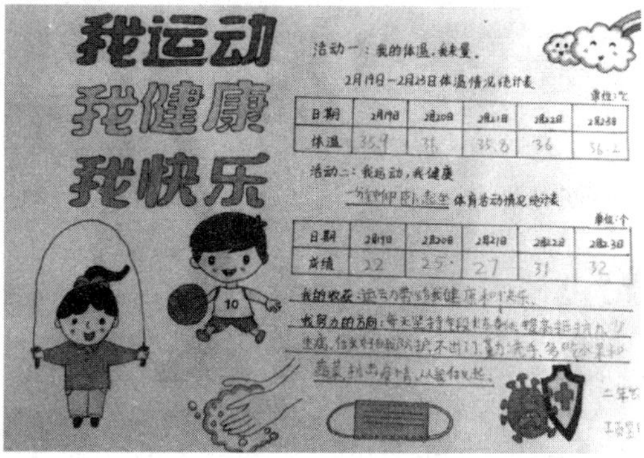

当由课堂转向课外、由校园转向家庭的时候，这种学习形式更凸显出它不一样的价值。

新冠肺炎疫情发生后，开学一再延期，如何让假期过得更有意义，学校数学老师在充分研讨后，决定推出“玩转数学”系列课程，即上文提到的“绘”讲数学、“演”绎数学、“践”行数学，让学生们“宅”出新花样，“宅”出新鲜感，真正地提升学生的数学综合素养。

低年级数学老师结合学生年龄小的特点，选取《消失的树林》《快乐的一天》《小跳蚤　大市场》等数学绘本，将绘本故事融入网络课堂。听、看相结合，使学生在思考和探究中，加深对数学知识的理解与掌握。在数学绘本的助力下，极大地活跃了课堂气氛，学生们在欢快的情绪中，积极思考，编写顺口溜、制作手工作品、自编数学小故事，给课堂增添了许多生趣。

中年级数学教研组则利用数学日记、查阅网络和报纸等多种渠道，搜集相关数学戏剧，将《小熊卖鱼》《八戒分碗》《韩信点兵》《社会主义好》等推送给学生。戏剧可以再现生活情景，学生通过观看，用语言、身体、动作、情绪去感受问题，用戏剧演绎解决数学难题。根据理解，学生采用知识树或思维导图等形式整理解题思路，数学学习变得更丰富、更有意义。数学戏剧辅助学生理解数学、理解生活。

对于高年级，结合疫情形势，老师们精心设计了“疫情发展趋势”和“我锻炼，我健康”等数学实践活动。活动紧扣时事，把数学统计知识（记录表、统计表、统计图等）融入居家防疫学习。学生们依据数据分析了解疫情情况，体会到加强锻炼、提高自身免疫力的重要性，实现了数学与实践的完美结合。

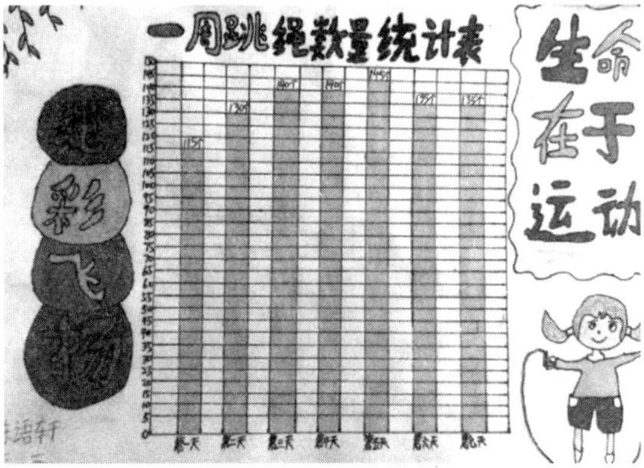

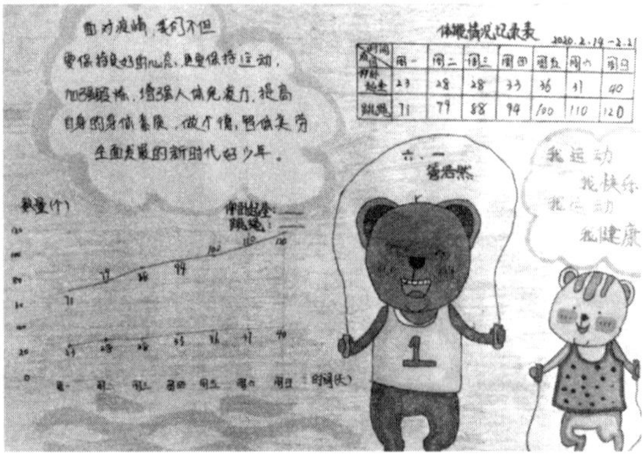

学中做，做中学，将数学生活化的举措，是学校数学老师的智慧体现。他们充分发挥智慧，利用集体力量，根据学情，将创新纳入作业，使数学学习增添更多趣味、更多收获。

第五节 “根式”教学的魅力

教和学是学校教育的根基，也是学校行为文化的核心，学校倡导的是“我说我做”的学问课堂，倡导的是课堂一定要有学生的学和质疑问难，要让学生在充分思考的基础上畅所欲言，要将当堂所学付诸实践，让每节课都是有学问的课堂。同时，它也是学校对课堂进行评价的依据，倡导教师在“学、问、思、辨、行”五字要素宏观引领下，构建自己的学科教学特色。

有怎样的课堂，便有怎样的学生。日本教育家佐藤学曾说：“所谓学习，就是与教育内容的题材（主题）的对话，是与教室中的教师、与组成各种各样的形象或意义的同伴的对话，是与自己自身的对话。”这段话包含的意思是：教师要透彻地理解自己所教授的学科，并对其进行深入的探究，从而完成与教材的对话；教师必须充分地研究学生，展开与学生的完美对话，从而实现学科教学的最优化；教师必须充分地利用一切教学资料，使学生与之进行深入对话；学生在学习过程中，教师在提升过程中，自己和自己展开对话。他还说：“教师的素养是作为学科内容或教材相关的专家的素养，不是从书本中学习的教养，而必须是通过自己教学的创造和反思而形成的实践性教养。要求把学习过去以‘建立交流关系’为中心所进行的案例研究的那些经验‘内容’作为中心，做更具体的研究。”显然，“学科内容或教材相关的专家”最终指向你以什么样的方法来实现和完成你的教学。

作为数学学科，最突出的特点就是它的系统性，如何实现知识的良好衔接，始终是摆在我们面前的一道难题。以王文君老师为代表的“根”式教学法，给我们提供了一个较好的答案。

文君老师对数学学科有着自己的独特理解，她认为，在当今数学课堂中，引领学生追溯数学知识的本源，透过知识“枯燥的外衣”演绎知识背后的故事，是每位数学教师所担负的基本使命。数学课虽然承载了传递基础知识和基本技能的任务，但其根本目的却不单是使学生学会知识、掌握技能，还应是呈现给学生有“根”的数学知识，最终让学生明确数学知识的“本源”，使课堂富有生命力。

那么，根据学生的认知发展水平和已有的知识经验，如何追溯数学知识的本源，全面提升小学生的数学素养呢？文君老师提出的“根”式教学法，鼓励学生大胆质疑问难，用不同方式追寻知识的“源头”，更多地了解相关内容的整体背景和发展线索，为原本枯燥的数学认知增添色彩，有效地培养了学生的探索意识和创新精神，发展了学生的核心素养。

在实际操作中，“根”式教学法主要表现在以下几方面：

（一）课前：依据教材内容，定位相应知识源头

知识的“根”是指知识发源的地方，或是知识刚刚被创造出来的地方，这里的知识浓度和质量极高，有丰富的底层逻辑和基础概念。依据教材内容，可以从数学知识的本质、“约定俗成”的需要、生活经验的延伸、历史文化的渗透、科学知识的严谨五大“源头”进行定位。

本质之源：借助课标和教参，把握教材最主要、最本质的东西，深钻教材，“沉下去、深下去”，理清知识发生的本源。

规定之源：由于人们的需要而产生，无法用数学去定论，在教学中不能简单地灌输，可鼓励学生亲临尝试，感知知识的必要性。

生活之源：数学是生活的回归和提升，一些数学知识是从生活中的现象抽象过来的，从字面上是难以理解的，可通过实际的例子打通学生数学学习与生活实际之间的沟通渠道。

历史之源：追溯数学文化的历史源头，使其在课堂中再现文化魅力，在“构建”数学知识时，领悟数学文化的精髓。

科学之源：数学是具有严谨性、科学性的学科，一些数学知识的产生有一定的科学依据，往往会引发学生追溯的需求。

（二）课堂：提取知识源头，丰厚课堂知识内涵

根据学生所要掌握的内容，将相关的知识源头巧妙穿插其中，使两者进行联机学习，萃取知识精髓，从而提升认知效率。

1. 透过教材，寻求知识的本质。

如：五年级下册教材中“分数的意义”。从 1 个字数到 10 个,10 个为 1 行，接着数 100 个，是 1 张……在数数中不仅加深了整数的计数单位，得到整数是往“大”了数；又引出了“单位 1”，思考“往‘小’了数会怎么样”，教师设计从 10 个字中抽出 1 个，引出 1/10 ，学生又数出了 10/100……教师出示一个月饼，设疑：“表示出它的 3/4 ，思考 3/4 该怎么数？”学生通过讨论数出了 1 个 1/4 、2 个 1/4 、3 个 1/4 ，明确分数就是这样数出来的，其中的一份就是分数的分数单位。

以“数源于数”为知识核心，引导学生通过数数感知“单位 1”和分数是怎么来的，加强了各种数之间的本质联系。

2. 约定俗成，满足对知识的需求。

如：二年级上册教材中“认识平面图上的方向”。课前带领学生认识学校的几幢主要建筑，课上让学生画一画在学校的东、南、西、北各有哪些建筑，并在建筑上写上方向。学生通过质疑“同一所学校，画出来的方向却各不相同”，深知“统一规定”，即“上北下南，左西右东”。

以“统一规定”为知识的根源，引导学生通过质疑理解“上北下南，左西右东”是怎么产生的，阐述平面图上方向的规定。

3. 再现生活原型，唤醒已有的知识经验。

如：四年级上册教材中“图形的密铺”。对于密铺的概念及哪些图形可以密铺，教师并没有简单地告知，而是引导学生观察生活中的具体实例，来思考哪些图形可以密铺而哪些不可以密铺，比如，学校教学楼的墙面、教室的地面、蜜蜂蜂巢的横切面等，通过实际物品，寻找可以密铺的图形。

在教学中注入“生活”的源头活水，引导学生通过生活实例明白为什么人们需要这些图形，学到了能密铺的图形的特点。

4. 追寻历史渊源，感受知识的来源。

如：六年级上册教材中“圆的认识”。课上谈及圆周率的由来：祖冲之制作圆形的木头锅盖，为了方便手持，需用刀具剔出一条直直的小槽，加上一根横木，他在制作不同大小的锅盖时发现：一个圆的周长除以直径是一个定值。这样潜移默化地引导学生学会如何画圆及直径、圆周率等一系列概念。

以“由来”为知识的切入点，引导学生通过寻根思考“圆周率是怎么来的”，结合知识的产生过程，让学生真正地理解和认识知识。

5. 寻求科学依据，体现知识的严谨性。

如：三年级下册教材中“年、月、日”。课上用视频呈现闰年的科学故事：地球绕太阳运行周期为365天5小时48分46秒，即一回归年，公历把一年定为365天。所余下的时间约为四年累计一天，加在二月里，所以平常年份每年365天，二月为28天；闰年为366天，二月为29天；每四年就有一个闰年。此时学生就能明白为什么会有闰年和平年之分。

通过寻得科学依据，学生能深刻知晓平年和闰年的来源，解开了心中的困惑。

（三）课后：渗透知识源头，提高知识的掌握

“追本溯源”呈现给学生有“根”的数学知识，明确知识的“本源”，抓住这个特点，学生在课后可将知识渗透到方方面面，这不仅提高了学生运用知识的能力，而且让学生获得了成就感，学生越学越有劲。

如：在教授了五年级“分数的应用”后，布置数学生活化实践作业：学生自己制作一个蛋糕模型，然后结合课上所学内容思考——如何切可以得到二分之一，如何切可以得到三分之二，以及分数的加减法计算如何反映在蛋糕上等，如此，让学生再次身临其境般地感受分数与生活实例之间的关联。

经过几年的探索与实践，文君老师的数学“根”式教学法，拓宽了学生的知识面，培养了学生对知识的迁移应用能力。同时也成就了自己。在“根”式教学法引领下，文君老师有了一双善于发现的眼睛，将教学中遇到的问题和困惑作为课题来研究，走向了一条科研之路，也体验到了研究的快乐！

第六节　从绘本走向微课程

有人指出，当前的课堂，存在一些普遍性的问题。比如，就教学资源而言，将教学的“依据”当作是“必须”，注重文本资源的准备，而忽视了资源生成的重要性；尤其是教师作为最重要的活资源却被忽视了；就教学过程而言，注重预设教学目标的完成，忽视了生成智慧的成长，同时评价存在目标和主体单一而忽视发展性评价的问题等。

近几年来，学校的教学研究，许多出发点都是围绕上述问题展开的。我们鼓励教师灵活处理教学资源，培训教师重视生成性资源和生成性智慧，更强调教师作为不可或缺的丰富资源的存在必要。

因此，学校的教学渐渐呈现出一种既重视原则又尊重个性的态势。这种情况，突出地表现在许多老师对本学科教学方法的处理上。在这一过程中，既做到了尊重学生的学情，又做到了尊重教师的体验。其中，英语教学团队开展的“课本 + 绘本”的有机融合，体现出别具一格的特色。

首先是“广积粮”，全面支撑英语教学。除中国英语阅读教育研究院提供的八百余册分级绘本外，学校还申请到外语教学与研究出版社资源和技术支持，将外研互动教学系统有声读物应用于日常教学，同时通过各种渠道汇集分级绘本读物、名家经典故事绘本、自然拼读读物等优秀电子资源，多措并举聚集优质资源，建立了实时更新的绘本资源库，为绘本与主教材融合教学提供了充足的素材支撑。

其次是“善融合”，培养学生核心素养。基于教学目标和教学内容，充分考虑学生阅读兴趣和语言能力，选取有趣美观、语言地道、有意义、有哲理，同时适应学生语言能力、认知特点的绘本。比如低年级的孩子注意力不够持久，形象思维占主导，围绕教材单元话题选择颜色鲜艳、内容浅显、文字简单押韵的绘本。高年级学生注意力保持时间较长，逻辑思维有所发展，有较好的学习习惯和听说基础，选择篇幅较长、故事性强、寓意深刻的绘本。将筛选出的绘本资源应用于教学实践，扩充教学资源。

一是融绘本于语法知识教学，感知情境，自然习得知识。

绘本与语法教学双线并进，用绘本阅读课适配语法知识，绘本先行，在情境中感知、掌握语法，语法知识系统梳理跟进。

二是融绘本于课时教学，扩充资源，丰富课本内容。

第一种方式是图片融合教学。课本插图是我们宝贵的教学辅助信息，绘本图画直观鲜明、信息丰富，将两者融合，授课过程中向学生渗透读图识图技巧，运用多种读图识图教学方式，拓宽学生英语视野，调动学生的自主学习能力。

第二种方式是语音融合教学。语音教学应注重语义与语境、语调与语流的结合，而不是单纯追求单音的准确性。教师利用节奏感强、有韵律的绘本，创设轻松自然的学习情境，让学生在朗读中感受字母或字母组合的发音规律，培养良好的语感。

第三种方式是词汇融合教学。根据小学生心理发展和认知阶段的特点，加入绘本图片与单词相联系的教学，让学生在情境中理解、识记单词。

第四种方式是句式融合教学。对英语句式及语言教学来说，课本内容较为匮乏，还需要搭建一座丰富语言内容之桥。绘本呈现的形象生动的图画与优美的语言、清晰的结构，创设了一种美、智、趣的教学情境，促进学生语言能力的发展。

三是融绘本于模块主题探究，深度融合，聚焦核心素养。

新标准英语教材每个模块都紧紧围绕一个中心话题展开，新授结束后，根据中心话题匹配绘本，通过精美的画面不断重现核心词句，让学生在欣赏阅读绘本的同时又能兴趣盎然地巩固本模块知识，比花时间重复讲解更加有效。

四是融绘本于语篇阅读教学，解构文本，培养高阶思维。

课堂时间、课文提供的内容均有限，绘本正好能弥补阅读资源的不足，可关注学生思维，促进学生语言、情感同步发展。基于素养要求，尝试思维构建，用 Five Finger Rules（英文分级阅读五指法则）解构文本，依托思维框架，提高学生故事阅读能力。

在课堂讲授之前把故事及音频分享给学生，开展自主化阅读，用可视化图表梳理故事背景（when, where）、故事人物（who/characters）、故事情境

(plot/beginning, middle, end)，做到思维可视化。事实证明，学生有能力、有浓厚兴趣梳理故事元素，绘制清晰、条理、巧妙的故事地图。

五是融合疫情开展教育，创编绘本，厚植爱国情怀。

教师把社会做课堂，把身边的社会现象作为教材，在新冠肺炎疫情期间开展品格教育、生命教育、爱国主义教育。鼓励学生绘制疫情防控绘本，了解疫情防控常识，认识疫情中的“最美逆行者”，感受全民一心共抗疫情彰显的中国力量。

通过疫情融合课及创编绘本活动，涌现出大批语言地道、画面精美、设计巧妙的原创手绘英文绘本。引导学生了解新冠肺炎疫情，激发学生对自然科学的兴趣；通过学习抗疫英雄事迹，学生崇拜民族脊梁，种植梦想种子。

以绘本阅读提升学生核心素养，在实际教学中，通过整合课程内容，适配适合国家教材的绘本资源，以英语学习活动观为指导设计教学框架，发展学生思维品质，发展学生文化理解与国际视野，关注学生真实表达，让每个孩子都可以发现一个更好的自己。

绘本教学过程中，英语教师边探究边实践，随着对教材和绘本的融合推进，老师们对课堂教学有了崭新的认识，打破了就教材教教材、眼里只有课本的局限，英语教学从而由课题到特色到课程，为新媒体时代的课堂赋予了一抹亮色。

第六章　在时间中化育

我们的育人目标，就是培养德、智、体、美、劳全面发展的社会主义接班人。为此我们上下求索、兼收并蓄，以智慧、心血将每一朵生命之花用心浇灌，以传统文化涵养人，以多彩活动塑造人，以创新教育发展人，以劳动实践完善人……我们相信，每一次付出，都会传来遥远的回响。

第一节　用经典培植文化人格

教育的根本目的在于使每个学生都健康和谐、全面而有个性地发展。我们的目的，是在德育为先的基础上，使学生的综合能力得到最大化的提升。为此，学校一切工作都围绕为学生终身发展奠基这一中心来开展。以此为中心，学校根据学生年级特点和年龄特点，梳理了学生成长四个阶段（入学适应期、习惯养成期、成长关键期、思想修为期）的多条路径，并作为常态有序地推进各项工作。

这些路径从学生不同成长阶段的不同特点和表现出发，将育人工作当作至高无上的综合工程，积极探索，详密规范，务实实施，使整个学校焕发出崭新的面貌。

这中间，既有行之有效的实践活动，又有妙趣横生的校园竞技；既有激发潜力的创新发明，又有脚踏实地的劳动教育。而阅读、品味经典，则被我们当作是接续优秀传统文化的重要手段。

文明和思想有它特殊的传承方式。今天的我们，无论是说话还是做事，无论是思考还是检讨，都带着传统的影子。而倘若追寻这影子是什么时候投下的，是什么人物投下的，我们一方面不可避免地回望传统，另一方面则毫无疑问地抓住了教育。我们都是有根的人，接触传统，首先要走近古代那些伟大的心灵。他们产生了一种思想，而那思想的河流不断地流淌，我们每一个人，都是在这河流里游泳的孩子。从那里，我们认识到应该怎样修身，怎样立德；从那里，我们被它打下烙印。不管怎样，我们都会借着点亮的火炬照亮人生的航程并一路向前。那么，我们总得回头看一看，仔细想一想，是什么组成了我们的基因，又是什么像骨骼一样支撑着我们；是什么让我们如此甘甜，又是什么使我们如此幸福；是什么让我们高傲地立足于世，又是什么让我们区别于他人。当学会与传统经典对话之时，你会在不知不觉中成长为一个智慧的人、一个高贵的人、一个有尊严的人、一个独立的人。

党的十八大以来，习近平总书记在一系列重要讲话和著述中更是多次提到要高度重视和弘扬中华优秀传统文化，并将其作为治国理政的重要思想和文化资源。在全面深化改革和推进社会主义现代化建设的今天，作为基层的学校应该如何对待和传承传统文化成了一个重大议题。

同样作为基层学校，我们非常重视优秀传统文化教育，自 2018 年以来，我们在认真分析当前传统文化教育现状的基础上，围绕“培养担当民族复兴大任的时代新人”，积极探索中华优秀传统文化的校本实践，构建了“2+X”的体验式传统文化教育课程体系。课程内容以中华优秀传统文化为主题，紧密融合齐鲁文化、潍坊当地文化与校本文化，以学生体验、感悟为目的，以学科融合和研学实践为主要路径，创新“课内 + 课外”“校内 + 校外”“线下 + 线上”的教学新形态，让中华优秀传统文化教育动起来、活起来，达到“学生成长、教师提高、学校发展、家庭与社会和谐”四者相互促进的共赢目标。除此之外，我们借助以点带面的方式，精心设计，用心组织，潜心挖掘，形成了属于我们的特色——我校远近闻名的楹联教育。

楹联，是中华优秀传统文化的典型代表，是当今应用面最广、实用性最强、受众面最大的传统文化品类，且楹联作为中国独有的传统文学形式，一千多年来，长盛不衰，反映出中华民族强大的生命力、创造力和凝聚力，体现了中华民族的理想、信念与追求。

但长久以来，楹联教育缺失，导致当前的小学生对楹联知识知之甚少，不知何为楹联，不能区分上下联，不会贴对联……长此以往，将造成楹联文化的缺失与断层，这一优秀的中华传统文化也将失去精神命脉。而小学阶段是学生语言、思维、记忆发展的最佳时期，他们对世界万物有着强烈的好奇心和想象力，是楹联启蒙的最佳时期，在这个时期让学生熟读经典、开发潜能，将会给孩子打下终生的文化烙印。

基于以上认识，学校结合自身的特点及办学思想，自 2018 年开始探索楹联教育新举措，启动了“楹联进校园”的研究，将传承诗词文化和楹联文化作为教育内容进行研究和实践。三年的实践过程，经过不断修正与完善，逐渐形成了“诵诗联集”“上诗联课”“建诗联社”三线贯通的“语文 + 楹联”教育体系，师生在学习活动中得到了传统文化的滋养。

为了切身体验楹联文化之美，在校园环境的布置上，学校突出楹联氛围，让楹联文化进校园、进班级。2019 年 3 月，学校邀请楹联专家到校指导，组织广大师生、家长围绕“尚美”办学理念和校训“做时间的主人”进行撰联、选联、定联、作联。影壁墙、教学楼、主席台、教学楼走廊、各功能室等，全部悬挂相应的楹联。“尚善如风催叶绿，明德似雨润花红”，校园门口的楹联透出浓浓的国学氛围；教学楼门前“珍惜岁月学君子，把握时间做主人”，教育学生从小就要珍惜时间，做时间的主人；“慎思笃志常三省，立德树人共一心”，时刻提醒师生要“吾日三省吾身”，做一个善于反思的人……

八十余副楹联装点着校园的环境，学生目之所及都是楹联。浓浓的楹联氛围，犹如灿烂的阳光和清新的空气，让学生滋润其中、健康成长。

接着所坚持的日常工作，就是让孩子们诵读诗联经典。

在语文教学中，朗读能力对孩子来说特别重要。楹联作为一种特殊的文学艺术形式富有其独特的韵律美，通过诵读诗联经典，既可以培养学生对传统文化的兴趣，又可以让学生体会到它的形式美和韵律美，还可以开启智慧。学校将国学经典《笠翁对韵》《三字经》《中华名联》《弟子规》《论语》《道德经》《大学》《中庸》及三百多首古诗词，按照学生年龄特点，分层次分布到各个年级，统一做成诵读 PPT，每天清晨在教室播放，学生利用早读时间大声朗诵，教师们也一起诵读，形成了师生全诵读的学校风景。

每天十五分钟，日积月累。一方面无数经典名句及三百多首古诗词，通过学生琅琅的读书声，润物无声地滋养着学生的心灵，让学生形成丰厚的语文积累；另一方面，让学生潜移默化地接受经典韵律、结构美的熏陶，为楹联学习打下厚实的基础。

在此基础上，学校积极探索楹联教育模式，以此浸润师生生命成长。

学校首先建立了纵向有机衔接、横向协同配合的课程教育体系。

一是横向贯通。学校以“尚美”为理念，以“发现美、欣赏美、体验美、创造美、展示美”为目标，构建尚美楹联课程体系，将楹联教育融入语文、传统文化和社团课程，实现横向三线贯通。二是纵向衔接。由于小学学段，学生年龄跨度较大，学校充分遵循学生身心特点和认知规律，将楹联知识由浅入深，在不同年级设置不同的学习内容。如一、二年级，在兴趣培养的基础上，学习楹联基础知识。如以辨别汉字的平仄声为重点，结合语文课本的内容，加强认字、组词训练，强化基本功，打好声律基础；三、四年级，尝试写诗联，并注重习惯培养。以学习掌握词性为重点，结合语文教材，正确认识各种词的主要特征，熟练分辨句子中的词性结构；熟练掌握楹联要素（字句对韵、词性对等、节律对拍等）；五、六年级要在此基础上，撰写简单楹联，并注重能力提升。如学习楹联的词对和声对等基本规则，并能写出符合格律要求的五字联至九字联。这样，由易到难，循序渐进，较好地做到了学段间的有效衔接、分层递进。

传承传统文化的重要途径，就是落实课堂教学主渠道。学校根据《义务教育语文课程标准》要求，树立了“大语文”教学观，将楹联知识、传统经典、整本书阅读等有机融入语文教学。在教学实施上积极探索，改进教学方式，创新育人途径，打造三阶段、三环节“语文 + 楹联”的教学新样态，让中华优秀传统文化教育动起来、活起来。

三阶段即诗联教学按照低、中、高三个不同阶段，由浅入深、循序渐进分步实施，每个阶段有不同的具体内容、目标和策略。三环节即按照赏联、写联、品联三个环节组织教学。赏联，即通过欣赏中华名联或者学生搜集的诗联，感受诗联写作特点及美妙之处，激发创作欲望；写联，即根据文中相关图片、语言、情感等素材，让学生在谈特点、谈感受的基础上，尝试写联；品联，即相互点评，可以是学生相互点评，也可以是师生相互点评，在点评过程中，发现亮点及不足，然后进行改联。改联的过程是一种深入学习吸收的过程，其重要性甚至超过了写联，品联在一定程度上是写联的提升。“语文 + 楹联”教学，不单设课时，而是结合语文教材，按照教材内容和学生年龄特点，适时添加楹联知识传授，将诗联融于日常语文教学中。

将语文教学与楹联教学进行有机融合、无缝衔接，是学校楹联教育的特点，我们在语文教学中渗透诗联知识，不单独为教而教，注重以兴趣为根本实施楹联教学。每两周根据语文教学内容，上一节“语文 + 楹联”课，一学期共

7～8节楹联课，六年下来，学生能掌握丰富的楹联知识，并且能够达到懂欣赏、会创作的目的，学生的诗文素养大大提升。

另外，学校还创立了楹联社团，每周三、周五下午各一节社团课，由爱好诗联的姜依彤老师担任授课教师，既弥补了楹联课时的不足，又为楹联爱好者提供了学习的机会，极大地满足了学生对楹联学习的要求，培养了学生多元的人文素养。

开展楹联教育，必须有一支能适应楹联教育的师资队伍，否则楹联教育就成了一句空话。为了提升教师的楹联知识水平，学校采取“请进来”与“走出去”相结合、线上线下齐上阵等方式，开展多渠道、多层次、多形式的培训。2019年3月，学校邀请潍城区楹联协会王峰老师对全体教师进行楹联知识培训，邀请李桂英老师到校讲楹联课，并进行现场研讨；同年10月，组织骨干教师参加了中国楹联学会副会长刘太品先生的“对联写作入门”培训；潍城区楹联协会专家也多次莅临我校指导。学校成立了楹联学科教研组，定期举行线上线下的楹联教研活动，学习研讨楹联知识、钻研教材重点难点、讨论课堂教学方法，提高了教师楹联教学能力。

学校还给教师订阅楹联报刊，供教师研讨学习。现在，全体语文教师都能懂楹联规则，能讲楹联知识，诗联核心成员能写一般性楹联，能撰写文质优美的楹联和五言绝句，形成了一个既有专业知识、又有创作技能的“双师型”教师团队，为诗联教育提供了强有力的支撑。

学校将大力开发楹联教育活动与提升学生核心素养相结合，为学生提供一个汲取知识、展现自我、塑造自我的平台，促进学生全面发展。通过举行经典诵读、开展诗联创作、举行研学实践等活动，实现了楹联教学更为深层次的目标。

通过开展楹联教学，涵养了学生的诗性，启迪了学生的智性，让孩子从小富有诗人般浪漫的眼光和情怀。三年来，十多名学生被评为省、市、区“读书之星”“美德少年”；在全区的双语经典诵读比赛中，连续多年获得全区一等奖；芙蓉小学学子连续两年参加潍坊市“国学小名士”经典诵读电视大赛均获潍城赛区第一名。孩子们被这些方方正正的中国字养得心眼明亮。2020年12月19日，全国楹联教育工作现场会在潍城区召开，学校提供分会场，孩子们在课堂上的精彩表现赢得了与会领导的高度赞扬。

放寒假前，学校举行了“迎新春·写春联·送祝福”活动。美术于老师带领诗书画社团的二十余名学生，现场撰写楹联，进行楹联赠送活动。到校参加家长会的家长们，看到孩子们的作品，纷纷赞叹不已。一位大爷手拿春联开心地说："家里每年都要买春联、贴春联，今年孩子们送给我的春联更有年味儿、更珍贵，我要把这火红的春联贴在家门口，俺那小孙子将来也要到芙蓉小学上学。"

"栋梁材出芙蓉老校，桃李荫成锦绣新园。"成绩的取得是师生点滴进步的最好证明。新时代、新思路、新作为、新形态，学校将继续聚焦中华优秀传统育人之路，办精致教育，育精美之人，让每一个生命都精彩绽放。

第二节　在活动体验中成长

时代发展到今天，教育变化可谓日新月异，传统的道德教育显然已经无法适应当今社会发展的需求。我们追求的教育，应该是全面发展的教育，而不是侧重于一个方面的教育。但无论如何，德育还是有着它不可替代的地位。倘若一所学校忽视德育的教育，那么，这所学校就是对社会、对未来不负责；倘若一个人不重视自己品德的养成和提升，那么，这个人势必攀不了多高、行不了多远。

现在，意识到了问题所在，我们面临的形势就是这样的：首先，必须注重德育教育，丝毫不能马虎懈怠；其次，不能照搬传统的那一套来硬性嫁接在今天的教育上。从困难这一角度来看，这无疑是一个挑战；而从创新这个角度看，对于一所学校的腾飞却又不啻一次机遇——就看你能不能科学地把握，能不能智慧地面对，能不能变通地开展。

在永安路小学担任分校校长期间，二年级（1）班范老师班里发生的一件事情让我记忆深刻。那天，是新学期第一次家长开放日，家长们早早来到学校，和孩子们一起早读、一起上课，并参观孩子们整齐有序的大课间。

那一天，也是班里刘琪同学的生日。大课间结束，孩子们回到教室。范老师在黑板上提前写了"刘琪生日快乐"几个大字，告诉孩子们下节课的音乐课取消了，孩子们都静静地坐在座位上等待着。

在刘琪同学毫不知情的情况下，范老师让家长提前准备生日蛋糕来到了课堂，给刘琪母子俩都戴上生日帽，在范老师的主持下，生日庆贺会开始了。

范老师把“小寿星”拉到讲台前，让同学们轮流排队向“小寿星”送祝福。同学们拿出早已精心准备好的礼物：亲手制作的生日祝福卡、小贴画、小手工、自己心爱的学习用品等，排着队一个个亲手送到刘琪手中，每个人都不忘说一句“生日快乐”。送礼物的开心，收礼物的也开心。刘琪同学被这意外的惊喜感动得泪眼蒙眬。礼物不重要，重要的是礼物代表着孩子们一颗颗纯真的童心，也承载着这世界上最真挚、最纯洁、最美好的感情！

第二个出场的是范老师，她走下讲台，来到“小寿星”对面，神秘地从口袋里掏着礼物。孩子们好奇地等待着。将气氛营造得足够浓后，范老师拿出一张心愿卡：“在这个特殊的日子里，我要满足‘小寿星’一个愿望……”这一举动可把刘琪同学喜坏了，也把在座的同学羡慕坏了！

接下来，同学们拍着手唱起了《生日歌》：“Happy birthday to you, Happy birthday to you...”范老师则牵着刘琪同学的手，在祝福声中来回穿梭，此刻，刘琪同学沉浸在同学们的祝福声中！

送祝福结束，范老师牵着刘琪同学的手来到讲台，用富有感情的语调说：“今天是刘琪的生日，我们祝他生日快乐！在这欢乐的时刻，最应该感谢的是他的妈妈，是妈妈赐予我们生命，是妈妈含辛茹苦地把我们带大。此刻，你想和妈妈说些什么呢？”同学们都看着刘琪，只见刘琪慢慢走到妈妈身边，深情地说“妈妈，您辛苦了”后便扑在了妈妈的怀里。母子俩紧紧地拥抱着，都流下了幸福的泪水。此时此刻，在座的每一位都感动得泪流满面，包括旁观的我。

最后是点蜡烛许愿。台上的母子俩，台下的每一位同学，都双手合十，默默许愿！教室里一片安静，孩子们庄严而神圣地许愿，此时无声胜有声。一切的说教都是多余的，心的介入才是最重要的。

那是一次难忘的课堂生日会，范老师从再平常不过的生日祝福入手，将感动和温馨注入每一个单纯的心灵，让孩子们学会了友爱、懂得了感恩、懂得了礼仪。当一所学校、一位老师，能默默坚守，散发光芒，他便将美好的德育种子埋在孩子们的心田。而范老师毫无疑问就是紧跟时代步伐，抱着一颗爱心，运用令人耳目一新的手段在进行引领，进行熏陶，进行召唤。

我想，我们的德育就应该这样，与真实的生活相结合，抱定润物无声、潜移默化的原则，来拓宽渠道，创新方式，达成实效。

于是，就有了今天的局面。学校将德育视作重中之重，全面落实立德树人根本任务，凝心聚力，担当作为，实现了教育观念有新思想，学校管理有新举措，校园建设有新变化，文化布局有新境界，教学质量上新台阶的五大变化，“芙蓉”教育品牌初具雏形，学校逐渐步入新时代教育发展新样态。

道德教育，应该走一条这样的路：确立一定的目标和方向，然后将其渗透于一定的形式中。当今社会正经历着政治、经济、文化的巨大变革，伴随而来的是价值观念的多元化，它们从各个方面对青少年产生着影响，有时会使学生充满矛盾与困惑。社会环境的复杂化，决定了德育是一个复杂的系统工程。《大学》云：“大学之道，在明明德，在亲民，在止于至善。”如何才能“止于至善”？学校遵循学生成长规律，以“尚美”为办学理念，以“做时间的主人”为价值追求，构建了“4+1 育人活动体系”，并以四大类活动为主题，开发了几十种校本课程，辅以“五美少年”评比，以活动促发展，以评价促提高，实现让每一个生命都精彩绽放的育人目标。

除了社团活动、生命教育、实践体验这些常规育人活动外，我们还利用传统节日传承中华优秀传统文化。

春节，通过“赏春联·创春联·写春联”活动，了解春节的悠久历史和灿烂文化；通过“春联进千家”，对孩子们的作品进行展示，联合社区，为居民送去浓浓的年味儿和祝福，让孩子们感受到传统春节文化活动的魅力。

清明节，通过“碰蛋”比赛，引起孩子兴趣；开展祭奠革命先烈活动，通过为革命先烈扫墓、敬献花圈、重温入队誓词等环节，引导学生牢记革命宗旨，立志报效祖国。

端午节，开展“和谐端午日，弘扬民族魂”主题教育活动，通过查阅有关屈原的故事和诗歌，引导学生缅怀先贤；开展诗歌朗诵会，通过吟诵屈原诗歌，书画屈原辞章等形式多样的活动，引导学生感受其忧国忧民的博大情怀与忠诚祖国的高尚品质。

中秋节，对月咏怀，开展“咏月”经典诵读活动，精心选择历代咏月名篇佳作，开展形式多样的诵读、赏析、创作活动，引导学生感受传统文化的魅力，增强爱国主义情感；通过“大家来念月”，感受家庭温暖……

我们的教育理想，不只在于培养热爱国家、传承文化、道德高尚、责任担当、行为规范的学子，还在于精心地养有根的人。所谓的“根”，就是让学生知道自己从哪里来，是怎样的家乡风貌感染了自己，是怎样的家乡文化熏陶了自己，是怎样的家乡人情塑造了自己。

为此，为了对学生进行德育教育，同时落实教育部的两个“指南”精神，让学生体验传统文化之美，传承红色革命之魂，发现家乡之美，从小树立报国之志，学校遵循学生认知规律，从其身边人、当地事、眼前景入手，充分挖掘潍坊本土资源，创新德育教育新形式，绘制了“5+2+N”的德育网图，将德育教育从说教转向体验，从封闭转向开放，从静态转向动态，让学生在参与多种研学实践活动的过程中，充分认识潍坊、了解潍坊，从而热爱潍坊、热爱国家。

“5”即五大实践主题。即潍坊人文历史、非物质文化遗产、革命传统教育、传统文化与艺术、家乡发展新面貌。通过开展线上线下研学实践、小课题研究等活动，让学生体验和感受潍坊深厚的文化历史底蕴；了解潍坊非物质文化的多样性，知道非物质文化对研究人类文明演进的重要意义；接受革命传统教育，明白美好生活都是革命先烈用鲜血和生命换来的；认识和了解发展中的潍坊，从而树立热爱家乡、建设现代化强国的责任心，产生对家乡的深厚情感。

“2”即学科纳入和研学实践两种实施路径。学科纳入包括课堂融入、社团选修、五老宣讲等；研学实践包括小课题实践、专题研学、活动拓展等。

“N”即讲、演、唱、写、做、展等多种形式。五大主题，三十多个研学实践点，每月 2 ～ 3 次，分学段一年完成。

为了使学生走出象牙塔，真实地体验生活，学校开设了五月跳蚤市场，模仿太平街市场运营模式，开展跳蚤市场体验活动。活动共设摊位一百余个，

统一规划班级活动区域，学生将自己不需要的物品与其他同学交换，每个孩子都可以换到自己心仪的书籍、玩具等物品，并获得生活经验。此外，别具特色的“今天我能行”“我是值日小能手”“时间长廊”“我为国旗添光彩”等校内活动，“我做爸妈的小帮手”“自己事情自己做”“我是红星好少年”等校外活动，培养了学生的劳动能力，提高了学生的生活技能。

第三节　在创新中发展

在芙蓉小学，科技创新教育是学校打造的突出特色之一，小到发明制作，大到无人机、编程、科技创新，既为学生播下了兴趣的种子，又为学生的个性发展、终身发展奠定了基础。这是学校对今世界发展、科技发展的积极回应，也是在回归教育原点上进行的努力探索与深入实践。

“每年除了过年，让我最期待的节日，就是学校举行的科技节活动了。”六年级（4）班的孟祥民同学每每回想起校园科技节就禁不住激动。在 2017 年第 32 届山东省青少年科技创新大赛终评决赛中，孟祥民的科技创新项目“学生坐姿警示器”获一等奖。这次获奖，让小小年纪的他初尝科技创新的快乐，一有空就往学校创客室里钻。

科技创新离不开实践的滋养。科技指导教师季传智老师经常带领学生搞发明创造，引导他们将课本上的知识转化到实践中。2018 年，第 33 届潍坊市青少年科技创新大赛中，他辅导的张宇航同学的创意概念项目“电磁擦玻璃器”获二等奖。提到创作灵感来源时，张宇航仿佛一位“小老师”，说得头头是道：“现在都住在高层，玻璃清扫特别困难，特别是双层玻璃，擦玻璃器都吸不住。这就是我发明‘电磁擦玻璃器’的初衷。我们就利用电，通过改变电流大小从而改变磁力大小。这样擦玻璃的时候就方便多了。”

运用小学科学知识就能解决生活中的难题，让孩子们深感创新原来可以如此简单，生活中处处皆是科学知识。像孟祥民、张宇航这样的“发明小达人”层出不穷，每年科技节活动的征集令一发出，名额就迅速报满，校园里满是藏龙卧虎的“小发明家”。

随着素质教育的全面推开和不断深入，教育创新改革向纵深发展，在教育教学中如何培养学生的科技创新能力和实践能力成为当前教育教学工作的重中之重。我们深知，只有从小培植科学技术、创造发明的种子，我们的孩子在将来才会为社会作出更大的贡献。多年来，学校始终聚焦学生核心素养，以科技创新教育为依托，在创新教育理念、新思路和新对策等方面都进行不断的探索和研究，并结合学校实际构建了"三级四线创新培养模式"。

所谓三级，即学校管理、教师队伍、学生培养；所谓四线，即实施创新人才培养的高效课堂构建、创客工作室建设、开设多彩科技社团、家校共育四条策略。学校始终把科技创新教育纳入教育教学的统一规划，坚持分类指导、分层推进，做到常规教学与活动载体相结合，不断挖掘教师科技创新素养，拓宽学生科技教育领域，从而为科技创新教育在学校里的蓬勃发展奠定了坚实基础。

学校对培养学生的创新能力非常重视，除了整合学科中的科技内容，进行学科渗透，使科技创新课程在研发与实施中发展之外，学校投资二十余万元，建设创客实验室，购买了 3D 打印、激光雕刻、机器人足球等科技创新器材，以创客室为依托，培养学生开展专题研究、深入学习、制作创意作品等，进一步培养学生创新能力。创客实验室可以让师生在创客空间里自由共享资源和知识，可以使用各种基础工具实现自己的创意想法。创客实验室能满足学生动手实践的需求，为他们提供"用知识"的机会，努力将他们的奇思妙想实现出来。

教师们则根据自身特长开发开设"科学发明""在实践中成长""趣味手工""创意手工"等多项校本课程。2018 年 3 月，项目成果"237 多彩课程的研究与实践"获山东省教育教学成果二等奖，校本课程"剪纸""在实践中成长""创意手工"在潍坊市中小学优秀创新教育校本课程评选中获奖。

这是学校社团活动时常看到的场景：每周三、周五下午第三节课后，在一楼实践活动室，无人机社团课程开始了，老师操纵的无人机在教室内不停低空盘旋，吸引了在场孩子们的目光。季传智老师在讲解完操作原理后，孩子们一个个尝试操作机器。"我一个小时就可以完成固定翼无人机组装。"林瀚阳骄傲地对记者说，他是六年级（1）班的学生，玩无人机的时间不长，通过一年的学习和训练，就在 2019 年潍城区中小学科技创新节上和小伙伴们一起拿到了二等奖。

学校科技社团还有思维益智的数独、航模制作、创意编程、走进机器人等多个社团，凝聚了一批对科技活动兴趣浓厚、思维敏捷、想象力丰富、动手能力强、具有一定个性特长的科技苗子。社团活动采取师生相教、生生相教，以点带面、点面结合的方式开展。一周两个下午的活动时间，为像林瀚阳、季歆哲、杨一博这样的科技迷提供了良好条件。2021 年 4 月，在潍坊市第十九届中小学信息技术创新与实践 NOC 大赛中，陈晓宇、王锦文同学的“智慧家园”项目获得一等奖，推荐参加全国中小学信息技术创新与实践大赛获得 MakeX 机器人挑战赛一等奖；2019 年 11 月，彭广润、蒋宇赫、鞠文凯三位同学赴上海参加第四届全国青少年无人机大赛空中格斗赛，获小学组冠军；时隔两年，2021 年 7 月，林浩轩、姜昊轩、陈语轩三位同学再次赴上海参加第五届全国青少年无人机大赛空中格斗赛，获团体一等奖……

电脑制作活动课是学校科技创新的王牌之一。在 2020 年第二十一届全国中小学电脑制作活动中，项怡菲的作品《疫情无情“和”有情》、李悦如的作品《智慧教育》获奖，李骁腾、刘浩轩、李威辰等三十名同学在区级评选中获奖。于小程同学的电子板报《玩转十笏园庙会》在山东省中小学电脑制作活动中获一等奖，学校还荣获山东省中小学电脑制作活动最佳组织奖。

学校还普及了编程课程，每学期有三十多人参与，教学内容是教学生通过编程让机器人完成任务，最终以参加全国机器人大赛为目标，刘老师所带的团队多次获得山东省第一名。在 2019 年潍坊市“三基创新人才贯通培养联盟”编程竞赛中，学校潘正航、腾骐鸿获得一等奖，马腾麟获二等奖，孟祥民、谭立文、李承逸获三等奖。

学校不仅仅满足于校内科技教育，还将其“家庭化”。把科技教育的范围延伸到每一位学生的家庭，指导家庭共同学习科普知识，在家开展亲子探究。

以前，大部分家长关注孩子的学习成绩变化。现在，越来越多的家长愿意和老师交流家庭实验的疑难点。家长帮孩子购买实验小器材、翻阅各种资料解答孩子的实验难点、请老师讲解实验原理…… 孩子们在日常的家庭实验中，养成了观察、思考的习惯，脑子里也多了许多问题，这也对教师的课堂教学提出新的挑战。如今，老师在课堂上更注重学生的提问，并鼓励学生运用不同的方法、设想来解决问题。

在科技教育以及创新实践能力的培育过程中，学校要求全体教职员工关注学生个性品质的呵护和培养，变应试教育为素质教育，变知识教育为创新教育。所有任课老师整合学科中的科技内容，进行学科渗透，从各门学科中挖掘具有科技教育的内容，充分整合学科教学进行科技教育活动，向学生传授前人的科技成果和经验，引导和启发学生去探索这些成果取得的途径，培养学生的科技意识和科学精神。

学校科技创新活动蓬勃开展，活动质量不断提高，基本达到了人人有创意、生生有作品。科普教育与科技创新，目前已经成为学校的一块金字招牌。2018 年，在潍城区中小学科技创新节航空航海模型比赛中，学校获团体一等奖；在手掷飞机制作与飞行赛、SU27 制作与飞行赛、无人机穿越赛、海警船竞时赛、遥控模型绕标赛等七项参赛项目中，二十四人获一等奖。2019 年，在潍城区中小学科技创新节比赛中，彭广润获 SU27 飞机制作一等奖，李钰泽、张智奇分获“雷神”动力飞机一等奖，张浩辰获“飞燕”滑翔机一等奖；王子豪、杨李浩分获微型无人机一等奖，田一博、王泽林、冯宇泽分获中国海警船二等奖；王子涵、朱国豪、杨正业分获“极光号”遥控比赛二等奖；刘忠坤获“杭州号”导弹驱逐舰二等奖，学校荣获区科技节一等奖。学校先后被评为山东省电脑制作优秀学校、“互联网 + 教育”学生个性学习示范学校、潍坊市电脑制作活动特色学校、山东省中小学科技创新活动与学生创造力开发实验基地等。

学校致力于科技教育，用创新之光照亮他们的成才之路，意义不仅仅局限于培养学生创作科技产品，更重要的是，培养学生形成科学习惯、养成科学意识、拥有科学精神和科技创新能力，为学生的个性发展、终身发展奠基。

第四节　欢乐“吉尼斯”

明代哲学家、教育家王阳明曾经说过：“大抵童子之情，乐嬉游而惮拘检，如草木之始萌芽，舒畅之则条达，摧挠之则衰萎。今教童子，必使其趋向鼓舞，中心喜悦，则其进自不能已。”也就是说，我们的教育要顺乎孩子的天性，就像尊重自然界万物的生长一样，根据他们的内在需要设置活动，使他们既能从精神上得到鼓舞，又能从情感上得到愉悦。

打破纪录是一件很鼓舞人心的事情，加上“吉尼斯”，就会产生更多的正能量。学校 2010 年开始开展“芙小吉尼斯”活动，至今（2021 年）已有十一年了。活动共分为曲艺、体育、益智、科技创新、生活技能等五大类，包括校园情景剧、三人行呼啦圈接力赛、竹筷搭桥载重物、快速钉扣子等近三十个比赛项目。活动主旨就是根据孩子的天性搭建一个平台激励并引导学生，充分发掘学生的兴趣、爱好和创新潜能，促进学生身心健康和谐发展。活动目的在于让学生收获学习之外的成就感，找到自己擅长的领域，享受到幸福的童年生活，收获经验、收获快乐、收获积极向上的情感，留下难忘又美好的童年回忆。

每年 5 月，“芙小吉尼斯”活动都会如期“开锣”。那一段时间，校园成了欢乐的海洋。孩子们喜气洋洋，热情投入，纷纷发挥各自的特长，每个孩子都在轻松愉悦中透露着紧张，在激烈竞争中释放着勇气。

每学期初，学校广泛征集学生意见，确立比赛项目。比赛项目确定之后，学生就根据自己选择的项目进行训练，然后参加班里的初赛，班级获胜者参加年级复赛，最后每个年级的优胜者参与校级比赛，评选出每个项目的擂主和一、二、三等奖。六一儿童节当天，学校隆重集会，让每项活动的擂主展示自己的绝活，并给他们颁发证书予以奖励。

人人参与是“芙小吉尼斯”活动最主要的特点。每一个学生都根据自身特长或优势，有选择地进行申报，真正实现了学生是活动的主人。每一个项目，都经过初赛、复赛，到学校的总决赛，层层打擂，使每名队员的自身特长得到了充分的展现。

“英小吉尼斯”每年一个主题。2021 年的主题是“挑战校园吉尼斯，争做新时代好队员”，旨在让孩子们在快乐的竞争中超越自己。低年级“一分钟系鞋带”“一分钟收拾书包”等比赛，培养的是孩子的自理能力和习惯养成；中高年级“一分钟垫排球”“一分钟投篮”“一分钟跳绳”等比赛，培养的是孩子的注意力、拼搏精神和健康体魄。

目前，全校有多项特长的孩子占到了全校学生总数的 75%。学校的“让孩子在活动中找到自我——独具特色的校园吉尼斯活动”曾获得潍坊市“少先队建队六十年优秀少先队品牌活动”称号。

俗话说：“熟背唐诗三百首，不会作诗也会吟。”儿时临睡前，妈妈总是和我一起赏析一首唐诗，和我说说作者要表达的感情，有什么寄托，抒发了什么情怀。无意中，我就积累了不少唐诗。

一年级的语文课上，胥老师宣布可以报名参加古诗五分钟吉尼斯背诵大赛，我心里蠢蠢欲动，但又怕得不了奖，给班级丢人，让老师失望、同学笑话。放学后，我问妈妈，我能否参加五分钟背古诗吉尼斯大赛，妈妈的鼓励让我有了自信。第二天，胥老师在举手的同学中选中了我，并且给我布置了任务——三十首必须背过。隔了几天，胥老师给我检查，又加了十首。就这样，在胥老师的指点下，数量最终加到了七十首。也许自我感觉背那么多就很多了，背了六十首之后，我回家不再告诉爸妈，他们也就只检查了六十首，结果，我以比第一名差两首的成绩名列第二。当时心情无比激动，没想到我可以拿到名次，而且是第二名。

到了二年级，胥老师仍然让我参加，也许是有了第一次的突出表现，我有点沾沾自喜，把老师、父母的督促当成了耳旁风，一直认为比赛还早，不需要提前准备。直到有一天胥老师宣布，明天就是古诗五分钟吉尼斯背诵大赛，我才犹如五雷轰顶，一下子瘫坐在了椅子上。依稀记得那天我值日，走出校门，看到爸爸的那一刻，我哇哇大哭。等情绪稳定下来，告诉爸爸原委后，我非但没有得到安慰，还挨了狠狠的一顿训。爸爸批评我不把他们的提醒放在心上。到了妈妈那里，妈妈对我说："先把今天老师布置的作业完成，今晚熬夜复习背诵古诗。"我到现在仍记忆犹新，由于时间紧迫，没有时间去打印，爸爸给我手抄了一遍古诗，妈妈拿着秒表帮我计时，一遍又一遍，终于超过了七十首，不知不觉已是凌晨一点。妈妈看时间已晚，就让我睡了，早上早起又背了几遍。这次比赛，我一点自信也没有，我以为肯定让老师失望、同学笑话了，比赛结束后，我一直闷闷不乐。令我没想到的是，我侥幸又获得了第二名，虽然和一年级一样的名次，但这一次却让我倍感羞愧。

转眼间到了三年级，郑老师又送我参加背古诗比赛，有了前两次的经验和教训，在老师的鼓励和支持下，我信心十足，终于登上了擂主的奖台。这一次，我没有那种无比激动的心情，觉得一切都是理所当然的。

不知不觉间，我已经成为四年级的小学生，一年一度的古诗五分钟吉尼斯背诵大赛也如期而至，严父型的王国龙老师给我布置了任务：必须背诵八十首。爸爸则让我背九十首，每天晚上临睡前，妈妈还会要求我多背几遍。在老师的严格要求和鼓励下，我一次次突破自己，终于用比去年多出十四首的好成绩，蝉联擂主。

这一路走来，我非常感谢成长路上给我鼓励和帮助的所有老师，还有我的父母坚持不懈地陪我突破自己，否则我也不会有今天的成绩。今后我会再接再厉，给老师、父母一个满意的成绩。

这是我校四年级（3）班李成章同学连续三年参加古诗吉尼斯的感想。我们从中看到了一个孩子参加活动的心路历程，更看到了他在心智方面、认知方面的成长。我深切地感受到，教育不能急功近利，应该尊重孩子的内在需求；教育应该有着多种多样的形式，当这些形式以符合孩子天性的活动出现的时候，就会更容易为他们所接受并给他们带来滋润一生的甘露。

同时，我们还应看到，人之不同，如同其面。人的天赋和天性是不同的，将不同的人用一个标准来衡量，这本身就是不对的。古人曾说："不能止乎本性，而求外无已。夫外不可求而求之，譬犹以圆学方，以鱼慕鸟耳。……此愈近，彼愈远，实学弥得而性弥失……"也就是说，有些人不满足于自己的天赋，勉强做自己不可能做到的事情，如同一个圆形要模仿成为方形，鱼想要成为飞鸟，这是不可能成功的。一个人模仿别人，模仿的越多，本性就丧失越多。人如果力图超越本性，结果就易丧失本性。抛弃自己，漠视自己，不切实际地一味与他人比较，是一件极为糟糕的事情。

所以，今天的教育，就应该按照这个基准来对待竞争。一个孩子，今天比昨天多学了一点，多干了一点，多读了一点，礼貌了一点，习惯好了一点，说话理性了一点，对同学友善了一点，就说明他超越了昨天的自己，上升了一个台阶，对于这个孩子，那就是进步，就是取得了一个更高的"名次"。家长和老师需要做的，就是认可他、鼓励他，让他一直保有这样的态势。如果他真的意识到这一点，那么，他的整个人生都将是幸福的，因为他不是简单地与他人攀比，而是让自己日日攀升。而从孩子的天性出发，能实现这一点的，还是活动。我们将学校的特色活动进行纵向的主题延伸，紧跟时代步伐，深入挖掘活动的教育效能，从不同角度发挥特色活动的育人功能，让学生在参与体验中养心、塑能。

此外，富有特色的活动还有学生自己设计、绘制盘子图案的创意纸盘画；以"运动、文明、健康、快乐"为主题的体育大课间、趣味运动会活动；以"诵经典、品经典"为主题的双语经典诵读展评等文体活动。所有这些活动，都符合孩子天性，符合孩子发展需要，为学生提供了锻炼自己、提升自己、成就自己、展现自己的平台。

教育，要因材施教，这个"材"很大程度上就是对孩子特点、性格、年龄、认知的尊重。事实证明，离开这一点强行灌输，不但效果甚微，甚至会背离教育规律。而唯有顺应这个规律，才能真正起到培植孩子的作用。尤其在德育上，更不能以命令式、灌输式的方式来教化，心灵、道德的培养，同样可以加入活泼的活动元素。

如端午节，学校开展“我向长辈学一技”活动，让高年级学生跟家人学习包粽子，中年级学生学习缝荷包，低年级学生学做五色绳，并分享自己作品。这样的活动，就于潜移默化中让孩子在劳动体验中了解了传统文化，懂得了感恩父母。

当疫情来袭导致延迟开学时，学校举办了特殊的德育活动“我和家长换角色”，让孩子们在家长角色的体验中，切身体会父母的不易，学会感恩，珍惜当下，同时培养孩子们的自理能力和担当意识。活动中，家长和孩子们都积极配合，进行角色的互换，孩子们纷纷承担起家长的工作，个个有模有样：有的拿起了扫帚，仔细打扫家里的角角落落；有的戴上围裙，为爸爸妈妈做顿晚餐；有的挑起了照顾弟弟妹妹的重担，给弟弟穿衣服，哄妹妹睡觉；有的把被子叠得整整齐齐、有棱有角……

在参与各类活动中，孩子们获得了成长，这样的成长，会让他们走得更远。

以“成长•感恩•启航”为主题的小学六年级毕业课程也是我们极为重视的大型活动，在我们的理解中，毕业课程作为学校德育课程体系中的一部分，是学生人生道路上的重要一课，是对学生进行感恩母校、孝敬师长、树立理想等教育的良好载体，对引导学生唱响青春、收获感悟，合理排解消极情绪有重要作用。六年级是一个过渡年级，不论孩子的生理、心理、认知方面，还是孩子的行为、学业、同伴关系方面，都将发生重大的变化。如何保持住良好的行为习惯，如何去适应中学阶段生活，如何做好小升初的衔接，这一年是重要关口。毕业年级的孩子对学校而言，也具有重要的影响力，如对校园重大活动的支撑，对低年级学生的正面影响，优良校风的形成和传承等，都将取决于他们。这个阶段，是情感的表达与升华，是自我认知的进步，是把毕业的情感引向高雅的关口。为了让毕业年级的学生回归教育常态，我们设计了长达三个月的毕业课程。这中间，穿插了诸多富有意义的活动。比如，理想信念课程中，有难忘的小学六年生活主题班会，以“我的理想”为主题的诗歌赛；成长体验课程中，有每一个学生一对一帮助低年级学生，每一个学生为学弟学妹捐赠读过的书并留言勉励，学生为母校留下一件手工艺术品或书画作品，以班级为单位参观初中校园，毕业前夕给校长或老师、保洁阿姨、保安爷爷的一封信等。所有这些活动，都将一股力量注入孩子们的心里，“鹰隼入云睐所向”，使他们记住自己的来处，并进而拥有一个明亮而灿烂的去处。

第五节　享受劳动的甘甜

2015 年，教育部、共青团中央、全国少工委发布《关于加强中小学劳动教育的意见》，将“劳动”作为中小学教育的重要内容予以提出；2018 年 9 月 10 日，习近平总书记在全国教育大会上，更是郑重地把“劳”字纳入全面发展教育理念，教育目标由“四育”提升至“五育”。习近平总书记指出，要以劳树德，以劳增智，以劳强体，以劳育美，以劳创新，培养德智体美劳全面发展的社会主义建设者和接班人。那么，培养学生从“德智体美”到“德智体美劳”的全面发展，意味着什么呢？

记得二十多年前刚毕业那会儿，学校里开设了劳动教育课程，由专门的教师任教，市区公开课、优质课评选以及教学能手的评选，劳动这门学科都是单设。更记得自己幼年劳动的经历和劳动给自己带来的好处。所谓劳动，包含的范围是极为广泛的，而会不会劳动，则很大程度上来自耳濡目染、多方练习。比如，那时候擀饼、烧鏊子、擀面条、包饺子，父母在那里做，你的加入是下意识的，这应该就是家庭成员的默契。你再小，也是家庭中的一员，你不是为谁劳动，你是在为自己劳动。所以，这些家务，我很小就会了。

但当下的教育现状却是堪忧的。许多小学生，除了上课、写作业、参加兴趣班之外，基本就没有什么涉及体力的劳动了。家务劳动基本与孩子不沾边，这直接影响了他们的自理能力和责任精神。其实，劳动意味着理论与实践的紧密结合，劳动过程中同样渗透着德育、智育、美育的培养，在进行劳动教育的同时，无形中也向学生输入了热爱劳动、热爱家乡、懂得感恩的美好情感，有助于磨炼学生吃苦耐劳的精神和坚韧刚强的意志，同时也让孩子收获到劳动的喜悦和丰富的情感体验。特别是对于独生子女来说，劳动尤为重要。

既是响应国家的号召，也是从对劳动的理解出发，芙蓉小学以“尚美”为文化引领，以“让每一个生命都精彩绽放”为育人目标，以“精耕细作，静待花开”为育人理念，围绕培养担当民族复兴大任的时代新人，准确把握劳动教育的价值取向，努力解决劳动教育存在的教学时间不固定、课程课时不足、教学碎片化、教师不够专业化、评价杂乱化等问题，对劳动教育实施课程化、体系化建设，让学生系统地接受劳动教育，从而为学生打好全面发展、终生发展的底色。

重视劳动，我们以“劳动最美丽”为理念，以“以劳树德，以劳增智，以劳强体，以劳育美，以劳创新”为目标，构建了“一主两辅”劳动教育校本课程体系。课程以学校劳动专题为主，家庭劳动和社会劳动为辅，力求促进学生全面、快乐、个性化发展，让学生充分享受劳动的充实和快乐。

在充分研究的基础上，学校将劳动专题课程分为学科融合课程、社团活动课程、常规劳动课程三大类。学科融合课程，充分挖掘各学科课程中的劳动元素，将劳动与学科教学很好地结合。比如语文学科中的“观察日记”“研究报告”，数学学科中的“观察测量”“分类整理”等，均与学生实践活动相结合，使学生在实践中动脑又动手。为了使劳动落到实处，社团活动课程实现了时间、场地、内容三个方面的保障。常规劳动课程以环境整理、值勤服务、赛会服务等内容为主对学生进行劳动技术教育。依据《山东省劳动教育课程主要活动内容安排》，结合实际，劳动教育内容细化到各个年级，目标明确，内容具体，让老师们教有所依，学生学有所据。

以家庭劳动课程为例，将其内容分为三部分。分别是家政、烹饪和技术实践。其中的家政包括衣物洗涤、物品整理、卫生清扫；烹饪包括家常菜和面点；技术实践包括种植和养殖。之所以这样设置，一方面是扣住小学生的年龄特点，让他们做一些力所能及的事，既培养他们的生活能力，又帮助他们养成整洁、有条理的好习惯；另一方面，也在塑造他们的精神，开拓他们的视野，培育他们的心智。

重视劳动，我们拓宽采取了“三级联动”的实施路径。

教育是一个系统工程，忽视哪一方面都不会达到理想的效果。就劳动教育而言，我们整合了各个方面的资源，做到了齐抓共管。

学校大门口西侧有一块狭长的花坛，它隐在一块块宣传牌子后面，花坛里是栽了多年的小龙柏，每天沐浴在风雨阳光下，按理说小龙柏应该长得很好，但是由于花坛位置相对隐蔽，小学阶段的孩子又有着强烈的好奇心，有着与生俱来的与自然拥抱的本能，他们得空就在花坛里玩耍，有时还会专注而又认真地挖蚯蚓、捉虫子，把花坛挖得千疮百孔，一棵棵小龙柏惨不忍睹。花坛既成了孩子们游戏玩耍的天地，又成了安全和卫生的死角。

班主任们一再提醒、教育，却始终不能从根本上解决问题，那被孩子们踩得光秃秃的花坛，考验着我们的教育智慧。

后来，经过商议，我们决定干脆把它利用起来。移栽小龙柏，腾出空地，划分区域，编上号码，班级抓阄，每班一块自留地，贴上班牌，花坛摇身一变成了红领巾种植园。家长、学生、老师齐上手，纷纷使出绝技，松土、栽花、种菜、撒种，不多久花坛就成了有模有样的小菜园。

随之而来的改变让人欣喜，孩子们好像一下子就长大了，也一下子变换了角色，天天到自家菜园浇水、拔草、松土。有些孩子每天课间都会特意跑到那里，去看它的变化——种子发芽了没；花儿长得怎么样；哪儿多开了一朵花，哪儿多生了一条蔓——然后用小手指着，叽叽喳喳得像麻雀一样议论不休。那儿仍然有喧哗，但不再那么杂乱，而是充满了爱和发现。孩子们一边欣赏着花儿一边发出啧啧赞叹，一边见证着植物的成长一边抒发着对生命奇迹的感叹。

小菜园不光对孩子，对老师们也充满了无限的魔力。老师们早上进了校门，习惯性地把车子停在一边，来菜园看一看，给丝瓜打打架，给小葱疏疏苗，以防幼苗太拥挤不利于生长。我每天转校园，也总会转到那里看一看。小菜园给我们大家带来了无限的乐趣，给校园增添了一抹绿色。

有一天我在校园值勤，一个一年级的小男孩忽然跑过来，紧张地对我说："我发现我们种的菜长虫子了，虫子会吃掉叶子的，老师快来看看啊。"他拉着我的手急切地来到菜园，我一看，发现那并不是虫子，而是一群小小的蚂蚁，在几片叶子上逡巡。我蹲下身子，告诉那个孩子："这不是虫子，这是蚂蚁，它是不会咬叶子的。"听到这话，他才松了一口气，不好意思地笑了。过了几天，他又拉着我到菜园里，兴奋地用手指着刚长出的和小手指一样粗细的黄瓜对我说："我们栽的黄瓜结果了，你看看，这株也结果了。这株丝瓜是谁种的，都爬得这么高了。这个芋头也发芽了。这叶子上的窟窿不是蚂蚁咬的，都是一些绿色的虫子咬的……"小手忙着给我指个不停，他满面洋溢着有所发现的幸福。是的，如果孩子能通过自己的观察获得新的发现，他们就像中了头彩一样高兴。

有一天中午我发现一个高年级的孩子蹲在菜园里自言自语："芸豆发芽了，

这塑料薄膜碍事了，该拿掉了吧！”他嘴里一边嘟囔着一边掀掉薄膜……

还有一次，一个孩子站在那儿气呼呼的，嘴里嘟嘟囔囔。我过去一问，原来他发现幼嫩的花旁边有一只不知谁踩上去的大脚印，于是生气了。不用过问，那些不文明的行为让这个“小园主”愤怒了，相信他后面一定会睁大“雪亮的眼睛”让那些顽皮孩子的恶劣行径无所遁逃。我顺便说道：“你看，有人踩了你们的小菜园，你如此生气，换位思考一下，你们在维护自家菜园的同时，也不要去伤害别人家的菜园。平时互相帮助，自己浇水时捎带着给别人浇一浇、拔拔草，时间长了，别人也会时常帮助你们的。以后经常‘巡逻’一下自己的地盘，发现有人破坏菜园，就‘教育教育’他们，或许是他们不小心，知错能改就是好孩子。”等我说完这一番话，他气也消了，很痛快地说：“好的！”

小菜园一天一个样，每天都有新的故事发生，孩子们的见识也一天天见长。从种子发芽一直看到开花结果，从分不清葱和韭菜到各种蔬菜如数家珍，从不爱劳动到天天浇水、拔草……小菜园让孩子们见证了各种不同植物的生长规律、生长环境，明白了开花不是为了好看而是为了繁衍后代，蝴蝶和蜜蜂不是来搞破坏的而是来传播花粉的……在观察自然的过程中，孩子们的内心丰富起来，懂得了爱心和耐心，有了成就感，有了责任感，也在心里种下了善与美的种子。红领巾种植园丰富了学生们的课余生活，直接让学生投入劳动，为学校办学起到积极的辅助作用。同时，我们在各班教室走廊设立了“逸美廊”，引导孩子们养花怡情，美化环境。春天迎春、仙客来，夏天茉莉、月季……在孩子们的手指间，鲜花四时不断，再加上可爱的多肉植物，芙蓉小学真的美若芙蓉。这既是劳动教育，也是在培养学生爱美、育美、审美的素养。

教育的目的是什么？看了怀特海的《教育的目的》一书，书中的很多语言让我深深地触动。比如，书中有一句精辟的话：“学校里教授的知识都是二手货，甚至是三手货。一切的学问都是从生活里来的，是对自然的观察中归纳出来的。”小菜园给孩子带来的知识，很多是书本上没有的，如果我们告诉孩子有关植物生长的知识，孩子未必真正懂得这些知识和观察有什么联系；如果告诉孩子要做一个有爱心、有耐心、爱劳动的人，孩子未必能够明白这句话的意义并自愿践行。小菜园让孩子们自觉地用好习惯代替了坏习惯，懂得了善与美，自然地认识了多种植物，学到了有关植物的许多知识。也让我真正领悟到，既然追求的是尚善尚美，那么，就在潜移默化的教育中让那些善的、美的种子在孩子的心中发芽成长，孩子天生都是向善爱美的，我们需要做的，就是为他们提供一个展示善与美的平台。我懂得了教学的目的不是知识本身，而是教给孩子获取知识的方法；教育的目的不是服从和遵循，而是为了激发和引导他们的自我发展之路。就像荷花一样，你给它一汪水、一摊泥，它自然地就会开出花、结出果来，自然地会在时光的荏苒中成就自己。

学校搭建了成长阶梯，基于各年级学生的身心特点，以“做时间的主人”为价值追求，分年级设立“步步高”劳动项目，如：一年级——戴红领巾、整理书包、正确洗漱、系鞋带等，二年级——择菜洗菜、拖地、锁门关窗等，三年级——做一个凉菜、做一个玩具、收拾衣橱……六年级——能做简单的饭菜、会使用针线、美化房间等，目的就在于培养学生的自理能力和责任担当，学会付出，懂得分享。每个学期，学校制订“二十一天蜕变计划”，以“让好习惯伴我成长”为主题，让学生用二十一天改掉自己的一个坏习惯，用二十一天学习一项劳动技能，用二十一天做好每天规划及时间安排，从而帮助孩子们在自我管理的道路上逐步升级，破茧成蝶，精彩蜕变。

此外，学校还设置了与劳动相关的特色主题活动，引导孩子在实践中体验。一是主题活动月。学校围绕纪念日，开展了“开学第一课”、班队会、专题演讲、“学雷锋”“我和国旗同个框”等一系列丰富多彩的主题活动，对学生进行劳动教育，培养“五美”少年，做到月月有主题、周周有活动、事事有方案。

学校在校外拓展体验空间，模仿太平街市场运营模式，每年五月开展跳蚤市场体验活动。活动设摊位一百余个，统一规划班级活动区域，学生入场，将自己不需要的物品与其他同学交换，同时获得社会体验。

学校放手让孩子去参与，开展“今日我当家”活动。校内开展“我是值日小能手”“时间长廊”“我为国旗添光彩”等活动，校外开展“我做爸妈的小帮手”“自己事情自己做”“我是红星好少年”等系列活动。学生每天坚持参加力所能及的校内、校外劳动，如扫地、洗衣、叠被等。班级建立微信群打卡制，进行精彩瞬间展示，以此培养学生的劳动能力，提高学生的生活技能。

学校还开展了卫生环境劳动红领巾志愿者活动，通过城关街道办事处搭桥牵线，与学校周边增福堂社区、岳王庙社区签订社区志愿服务协议，组织红领巾小分队定期为社区剪枝、打扫卫生、清除小广告等，将劳动空间延伸至家庭、社会。学校也将家长作为学校管理的重要元素，请家长委员会推荐有实践价值和适合学生活动的单位场所，进行体验教育，如超市、蔬菜大棚、消防大队、交警大队等。活动丰富了学生的课外知识，让学生感受到快乐，形成了正确的人生观、价值观。

学校还开展“六色”尚美研学。学校精选市域内研学旅行规划路线，为学生打造极具操作性、实践性、趣味性、知识性的研学课程。根据研学目标，课程共分红、橙、黄、绿、青、蓝六大方面内容，包括红色革命传承研学，橙色非遗体验研学，黄色农耕研学，绿色健康技能研，青色廉洁教育研学，蓝色科技创新研学。

学校的劳动教育，从小处着眼，从习惯养成开始，循序渐进培养劳动本领，点燃学生劳动激情，使学生在“润物细无声”的潜移默化中体会劳动的乐趣，使芙小学子真正成为品格端、体魄健、会生活、乐学习的阳光少年。

劳动教育是人生的第一教育，孩子长大后没有爱劳动的习惯，不会劳动，将不是一个完“人”。作为学校和家长，教会孩子学会劳动、热爱劳动、尊重劳动，才是爱的正确打开方式。这次劳动教育再次被提起，并且纳入“五育”教育体系，真的是非常必要且迫切的。

曾有教育专家指出：“儿童高尚的心灵是在劳动中培养起来的，关键是要使儿童从小就参加劳动，使劳动成为人的天性和习惯。”劳动教育对少年儿童成长的重要性不言而喻。接下来，我们要认真贯彻落实习近平总书记的讲话精神，将劳动教育作为学校改革的“重头戏”，发挥其育人功能，将其融入学校课程体系，通过开设校本课程、社团课程来落实，通过道德与法治、地方课程进行劳动渗透来实现，通过社会实践、科学的动手实验、社团服务、家校合育等形式贯彻。总之，要让学生从小牢固树立“尊重劳动、劳动最光荣、劳动最伟大、劳动最美丽”的观念，只有这样才能用“劳动托起中国梦”，为孩子的一生打好底色。

第七章　为了最美的明天

教育孩子，成就孩子，是家庭和学校共同的责任，只有家校携手，才能给予孩子一个光明的未来。教师的爱与责任，如阳光，如雨露，改变了一个一个孩子的生命轨迹，从而于普通中显现出伟大，于平常处显现出不凡。

第一节　构建家校共育体系

从工作伊始，我便认识到了家庭教育的重要性。

孩子在学校有不同的表现，但这些表现有它们的根源，这个根源就是家庭。如果不去深入了解，怎么能真正地明白造成他们今天行为的背后环境呢？又如何更进一步地对症下药呢？教育，只从表象入手是不行的。

父母就是孩子的影子，父母对孩子的教育至关重要，家庭教育是孩子成长的根。孩子成长的路上，老师只是一个见证孩子成长的过客。良好的家庭教育，不仅关系到学习，还关系到孩子性格的养成。

后来，我阅读了许多与家庭教育相关的书籍，也了解了家庭教育的本质。我深刻地认识到，家长是孩子的第一任老师，也是最重要的老师，如果家庭环境存在问题，对孩子造成的影响将是难以估量的。而要了解一个孩子，必须了解他的来处；同时，利用不同的方式教育家长，也应该是学校的任务之一。家庭、学校是孩子成长的两个重要“摇篮”，一个学生的成长史必定是农校共育的合作史。

学校在工作思路、方法、体制等方面不断创新，组建三个机构、开设“三课”活动、搭建三个平台、实施多元评价，建立了“管理、课程、方法、评价”四位一体的家校共育评价体系，让家庭教育与学校教育同向同行、同心同德，促进了家校共育建设规范化、科学化发展。

首先，我们组建了三个机构，优化家庭教育管理体系。

学校在市区家教办的引领下，着眼长远，注重引领，不断加强家庭教育的实践探索，用心构建了适合小学生家庭教育实施的管理体系。

一是成立了一个中心——家教办。为了遵循孩子成长规律，督促家长依法履行家庭教育职责，不断提升家庭教育水平，学校在师资紧张的情况下，克服困难，成立了家庭教育办公室，以强化学校家庭教育工作的指导。家教办由潍城名师夏昌霞担任主任，夏主任曾经担任过多年的政教主任，有着丰富的学生管理经验和较强的沟通能力。每一个学年，家教办都会对全校家庭情况进行整体的摸底，梳理学生问题种类，分析其成因和解决的办法，及时与家长取得联系，有针对性地开展辅助教育工作。

二是建立了两个机构——家长委员会、讲师团。学校成立了班级、年级、校级三级家委会组织。每年 9 月份完成班级、年级家委会建设。人选都是通过家长自荐，然后班主任考查确定，年级从各班的家委会组织中选拔人员，组成年级家委会组织，同时，各班的家委会主任组成校级家委会组织。家长委员会，是由众多热心的家长为了一个共同的目标走在一起成立的组织。而学校的出发点就是“找正确的人，干正确的事”，把实事办好，把好事办实！学校还建立了由市区家庭教育讲师团专家、学校领导、班主任以及在家庭教育方面具有影响力的名家、家长组成的讲师团，固定每月一次家长课程，让家长讲师团走进学校、走进班级课堂，开展科学的家庭教育指导服务和实践活动。这样的形式，提高了家长的文化品位，找准了家庭教育的方向。

其次，我们坚持课程引领，优化家庭教育内容。

我们构建了“三人行”阅读课程，形成教育合力。为了让家庭教育融入学校教育，学校在全区积极推广“牵手两代”区域课程的背景下，依据市区教育局提出的构建书香校园、书香家庭的会议精神，结合学校实际打造了具有学校特色的“三人行”阅读课程，提升了广大家长亲子阅读、亲子教育的水平和能力。

我们实施“三课”，让家长也来做“学生”。

一是必修课程，指每月一次的家长课程普及培训，主要面对的是家庭教育的共性问题，内容是向广大家长传授基本的家庭教育理念和方法。这一方面主要是由班主任完成，如果需要会邀请家庭教育专家来进行授课。学校会根据需要提前与家庭教育讲师团的负责人王方老师联系，王老师会根据需要安排相关人员来给家长作报告。我们曾邀请过安雯老师，从正面管教的理念谈了原生家庭对一个人一生发展的重要作用，引导家长重视在孩子教育过程中的方式方法，从而提出正面管教这种教育方式，然后让家长体验什么样的教育才是正面管教，作为父母应该如何坚持温和而坚定的教育方法，做到对孩子从正面引导，和孩子有话好好说。

二是选修课程，针对不同年级学生的特点，如六年级青春期教育的问题、一年级幼小衔接和习惯养成的问题，或者是一些家长存在的最困惑、最集中的问题，有针对性地授课，可以分年级举行，也可以家长自愿报名参加。比如，每年新学年开始，我们都要按照市家教办要求，开好“家长开学第一课”，使学生和家长能够迅速适应新环境，做好思想衔接。2019 年 8 月 30 日，学校召集所有一年级家长召开了以“做家庭教育的同行者　让生命幸福成长”为主题的家长课程，我对学校的师资力量、办学特色、教育教学活动、取得的成绩、学生管理、家校配合教育等进行了详细的阐述，使家长们明白了什么是家校合力。并用鲜活的事例来指导家长们如何针对一年级孩子的特点采取相应的家庭教育对策。家长们深受启发，从更高的角度认识到家庭教育对孩子的巨大作用。

三是个性化课程，这是针对个别学生家长开设的。由潍坊市家庭教育指派的心理咨询师对家长进行针对性辅导，面向的是有需求的个别家长。我校李春霞老师就是潍坊市家教中心的咨询老师，每月固定到潍城区成长导航站值班，为家长提供个性服务。

再次，我们搭建了三个平台，实现家庭教育的交流体系。为了探求家庭教育科学合理的推进方式，学校积极搭建了家庭教育的沟通平台、管理平台、微信平台、展示平台，保障了家庭教育的有效性。

第一是沟通平台，目的在于拉近家校距离。

一是家长与老师的沟通。家访是老师和家长之间心灵沟通的最有效方式，是学校教育工作的延伸，是建立和谐共进的家校关系、师生关系的重要保障。按照市区教育局的要求，学校每学期开展一次“百名教师访千家”活动，有的一对一入户，有的将同等情况的或者居住一个片区的集中到一个家庭，召开小型座谈会，把理念、方法送给家长，把关爱送给家长，并认真听取家长的意见、建议和诉求，对家长给予有效指导。这中间，也收到了许多家长对学校工作的反馈。另外，我们每月还开设了“家长课堂开放日”，让家长走进课堂，了解孩子课堂听讲情况，以便针对性辅导。

二是家长与家长的沟通。家长之间的沟通，主要是相互学习和借鉴，为了促进家长之间的沟通，学校自2013年开始，各班推行“漂流日记”，许多家长通过“漂流日记”传达出自己的家庭教育经验，更多的家长则通过这种无声的交流，收获了家庭教育经验，丰富着自己的思想，成就了自己和孩子。

从2019年3月开始，学校每年都会将各班“漂流日记”中特别精彩的育子心得挑选出来，结集成册，将“漂流日记”中的精华思想供全校的学生家长交流学习。我们觉得家庭教育中心做的“幸福路”这个想法特别好。一个家庭的幸福往往被孩子的发展左右，我们做的是家庭教育的事业，左右着每一个孩子、每一个家庭的幸福，我们的书便模仿着幸福路，取名“幸福路语”。

按照市区教育局的要求，我校还专门开设了“校长接访日”，每天由一位校级领导负责接待有需求的家长。家委会把发现的教育教学问题、班级任课教师的问题、学校安全和卫生等问题及时反馈给学校，并提出各自的意见和建议，由值勤校长做好记录，并在限定时间内解决，重大事项则通过校委会、家委会商讨解决或及时调整。

家校共育之中的一个重要举措就是家长主动参与学校教育工作。家委会成立后，校级家委会成员组织了家长志愿者队伍，但凡学校有活动，他们总是第一时间来学校，家委会统一分配，层层分工，分头落实。每个角落都有他们热情而忙碌的身影，每项活动都能得到他们的支持与帮助。家长志愿者，成了学校一抹亮丽的风景。

三是微信平台，开辟沟通新渠道。我们借助网络建立了班级微信群、校级家委会微信群，将分散的工作整合起来，成为全校家长业余时间参与班级管理和家委会工作的主要媒介。大家分工明确，又协同合作，宣传、沟通、咨询方便又快捷。另外，学校开展一系列亲子活动，为家长和孩子沟通创建平台，增进亲子感情。

为了使家校合作落到实处，我们实施多元评价，构建了家庭教育评价体系。一方面，我们评选“芙小好家长”，带动榜样示范，为了激励先进，每个学期末，我们开展评选。好家长的评选，有效地提高了家长的整体素质，改善了家庭教育环境，赢得了家长和社会的大力支持，促进了家校共育的和谐发展。另一方面，我们评选“书香家庭”，营造学习氛围。学校始终重视学生阅读能力的培养，结合“三人行”阅读课程，学校每学期进行一次“书香家庭”“书香班级”的评选，促进了亲子感情，也培养了家长阅读习惯。

多年的家校共建工作，取得了良好的成果。我们明显发现，通过各种各样的授课、宣传、指导、交流活动，家长的教育观念发生了转变，潍坊市亲子共成长平台的应用率逐步提高。最令人欣喜的，则是许多孩子通过这种方式发生了转变。2019 年广东惠州、山东淄博沂源家庭教育考察团在市教育局的推荐下，分别到我校参观学习家校共育工作，并给予了高度评价。

正是有了教师的负责精神，有了家校合作，才让孩子们焕发出由衷的笑容，才使一个又一个孩子走向了人生的坦途。

第二节　温馨的“漂流日记”

大家好，我是李昕宇同学的妈妈，“漂流日记”在我手里已经待了几天，但是一直不知从何写起。

原因是前面几位家长写得太好啦！我看了好多遍，感觉他们也写出了我的心声，让我思绪万千。感谢学校老师组织的这项活动，让我们家长有一个相互交流的平台。既能让我们在教育孩子的道路上一起不断学习、摸索、总结，也能让我们认识到存在的不足。

刚开始孩子入小学的时候，我的心情特别紧张，总担心自己准备不足，担心孩子不适应，早上起不来床，不吃早饭，不听话，也怕孩子因为各种原因不喜欢小学的校园生活，不想去上学。但没有想到这一切都没有发生。而且我还经常能看到他的一些进步，他会主动帮我打扫卫生，自己的事情自己干，自己洗脸刷牙洗袜子，也不需要我去提醒。睡觉的时候也不会和以前一样，我不陪伴他他就不睡，而是自己洗漱完之后就静静地上床，让我感觉到他真的在一点点长大。

相反，我这个妈妈却没有他做得好。虽然也看到了他的进步，但很多时候还是嫌他做得不够好。特别是他做作业的时候我总是控制不住自己的情绪，朝他发火，也没有表扬。有一次放学回家，他告诉我老师夸他字写得漂亮，我能看出他的心情特别好，而且做作业的时候他的速度也比平常快了好多。这也让我感受到了表扬他、赞美他的重要性。此时我又想到了季新航的妈妈写的心灵鸡汤，让我受益匪浅，我也会努力做到。

这是我校“漂流日记”中极为寻常的一篇，但我们从中，看到了家长教育孩子的困惑，看到了家长从日常生活中总结出来的教育经验，关键还能看出这位家长从其他家长那里汲取到的教育孩子的方法，这些方法给了她启迪，也给了她信心。

这是学校坚持多年的一种家校共育的做法。自 2013 年起，学校就在各班推行“漂流日记”，这些年来，无数家长通过“漂流日记”交流自己家庭教育的方法和经验，倾吐与孩子共同成长的心声，通过这种无声的方式，收获着喜悦，丰富着思想，解决着问题，最终成就了家长和孩子。

“漂流日记”从外观上看，就是一本再也普通不过的日记本，但它的内容却非常丰富。它的具体操作是每个班级每周由一位家长将自己教育子女的心得、做法和遇到的问题、产生的困惑，以及对学校及教师的合理化建议等写在日记本上，第二周由班主任阅后作出相应答复，然后“漂流”传递到另一位家长手中。它的初衷，便是让好的家庭教育方法、经验通过日记本从一个家庭“漂”到另外一个家庭。令我们欣喜的是，它的作用出乎我们最初的预料，真可谓所到之处，家长受益匪浅。

开展这项活动最早只限于家委会成员，初衷是想用这批优秀家长的教育事迹去影响、感染全体家长。进行了一学期后，看到效果很好，成员重视，撰写认真，影响很大，于是经过研讨，我们将活动延伸至全校的每一位家长。因为我们相信他们每个人在教育孩子方面都有闪光点，当这些闪光点聚合在一起，那将会撑起一方晴明的天空。

在每一本漂流日记的扉页上，都印刷着这样一段文字：

亲爱的家长朋友：

很高兴“漂流日记”传到您的手中，它将在您的家中度过一周的时光。在日记中，您可以介绍教子经验，聊聊育子困惑，讲讲孩子趣事，推荐教育好书……也可以把对学校及教师的一些合理化建议等写在上面，第二周由班主任阅后作出相应答复，然后“漂流”传递到另一位家长手中，如此延续下去。

“漂流日记”活动以班级为单位开展，一方面有助于家长们互相学习，共同提高家庭教育水平；另一方面也将加强学校、教师与家长之间的联系沟通。

“如果你有一个苹果，我有一个苹果，彼此交换，我们每个人仍只有一个苹果；如果你有一种思想，我有一种思想，彼此交换，我们每个人就有两种思想。”这是我们对“漂流日记”定义。因为“漂流日记”每周在一位家长手中，掌握这本日记的家长一方面要认真阅读、学习其他家长的日记，另一方面要留下自己的日记供后面的家长参阅，所以每一位家长都非常认真。尽管每位家长的受教育程度、学识水平不同，但他们都是尽自己最大能力来完成这项任务的。

“漂流日记”让我们体会到作为家长看到孩子一天天成长的幸福和愉悦，每一位老师读到这样的文字，都会由衷地认识到工作的神圣感，从而激发自己更加用心地去关爱、呵护每一颗童心，增强了使命感和荣誉感。

逄博文同学的家长在日记中这样写道：“很感谢学校和老师提供给家长们这样一个学习、交流教育孩子经验的平台。接过这本‘漂流日记’，我能感到刘老师的用心良苦。”“今天，逄博文小朋友佩戴上了红领巾，做家长的都有点小激动，他说那鲜艳的红领巾是大哥哥、大姐姐给他系上的，说的时候表情很自豪。的确，在老师的教导下和他自身的努力下，他也是名光荣的少先队员了！继续努力吧。”王译晨同学的家长是这样写的：“时光飞逝，不知不觉已开学两个月了，王译晨逐渐由一名幼儿园小朋友转变为小学生，从无拘无束的孩子转变成守纪律的小学生了。”这些点点滴滴，记录着孩子们的成长，传递着最朴素的家长情怀，他们在为孩子的点滴进步而欣喜。而我们从这样的记述中，更能体会到每一位家长对教育的期许，更能理解他们对孩子的爱与盼。总有人这样要求老师：“你想一想，如果你面对的是自己的孩子……”就是这样的阅读，让我们走到了每一位家长的心里，那个孩子不再是一个普通的以“学生”定义的个体，而是充满了鲜活之气的生命体。

还有的家长通过日记，向孩子传达自己的要求和理想。同样的话他们平常也说，但借助这种文字，更能深入孩子心里。而作为学校老师，则从中体会到家长的心声和需求。将这种认识渗透到教育中，自然就变得不一样了，它会多一份柔软，多一分理解。马雅宁同学的家长是这样写的：“不知不觉，冬天把院里的树叶从银杏树上偷走了。曾经我让马雅宁给我在金黄的那一片树前留过影。还好，看到照片会想起那美好时光。这本‘漂流日记’不正是捕捉美好时光的相机吗？（1）班的同学们在其中留下童年的美好岁月，在以后，同学们当家长的时候，再重新翻看当年的这本日记，也许别有一番滋味在心头吧！最是人间留不住，朱颜辞镜花辞树。童年是宝贵的，充满梦幻，在你们看来没有什么是不可能的，爸爸、妈妈、老师都希望你们如初生牛犊，在未知路上大胆迈步向前！”这种想法，与我们提倡的“做时间的主人”的思想是一致的。“大胆迈步向前”，珍惜时间，不留遗憾，这就是我们对孩子的共同要求。

更多的，则是看到别人的教育体会之后的反思。这是一种比较，从比较中发现自己的成功和不足，从而进行改进。这种结果，是最能发挥“漂流日记”的价值的。因为我们可以看到，虽然家长的认知、体悟、方法是不一样的，但他们却有共同之处：他们年龄相仿，有着相似的社会体验；他们出生、成长、生活的时代背景一致，对孩子有着相似的诉求；孩子各方面存在的问题也极为相似，这就有了一致的话题。别人是如何做的，而自己是如何做的，建立在许多共通性问题之上的反思，就有了它巨大的价值。而关涉学校，则不论怎样，有一点是不可忽视的：每一届孩子都在悄悄地发生变化，而我们中间的许多人则用着以往不变的经验和认知来面对已经发生了巨大变化的学生，这就于不知不觉中形成了一条沟壑。有了这条沟壑，对学生的了解就不是那么深入，教育的效果也会大打折扣。“漂流日记”在一定程度上解决了这个问题。最终，家长的反思，也成了我们的反思。

张妈妈是这样写的：

通过“漂流日志”这个平台，家长经常总结自己，看到自己在教育孩子中的不足，同时学习其他家长的好经验。在此，我对每一位尽心尽责的老师和家长表示诚挚的感谢。作为一名家长，在孩子的教育方面我也有很多困惑和不解。以下是我教育孩子的一些感悟，希望能和大家一起分享。

小学阶段是培养孩子的黄金阶段，父母要有所作为。孩子上一年级的时候，相信我们很多年轻的父母都有同感，孩子做家庭作业时总是坐卧不宁，五分钟的作业能做一个小时，搞得我们心急火燎，而孩子却无动于衷。这时候，我们家长只有耐下性子陪孩子一起学习，否则孩子做作业的好习惯是难以养成的。我通常的做法是先陪着做，再慢慢放手，让孩子自己做。在这过程中家长要非常专注，不能一边陪孩子，一边看手机、看电视，这样很容易让孩子效仿，也容易给孩子产生心理暗示。当然，陪读不是唯一的方法，我们也可以采取一些激励的措施，如作业完成后，满足一下他的心愿。

孩子良好的生活习惯需要家长放心培养。不怕大家笑话，我儿子没上一年级的时候，洗脸刷牙都不能独立完成，当时我很揪心。但这不怨孩子，因为是我总是担心他自己做不好，于是一直帮着孩子做。后来我就学会了放手，让他自己去做力所能及的事，对自己负责。这样，他将来才能适应社会，照顾家庭，尽自己的义务，从而成为优秀人才。现在孩子在许多事情上都能自理了，比如，洗脚洗脸，自己打水等。

我们还要让孩子拥有感恩的心。感恩是一种道德，是一种处世哲学，有父母的养育之恩，有老师的教导引领之恩，有朋友的相遇相助之恩，有来自社会的关爱之恩等。懂得感恩，就懂得珍惜，珍惜家人，珍惜朋友，珍惜劳动成果，珍惜一切自己今天所感受到的幸福。这样的教育，孩子的收获将不仅仅是物质上的。为此，我经常给孩子看感人的短篇故事来启发他，并且经常带孩子回乡下的老家看望老人，体验农村生活。

可以看到，孩子身上存在的做事拖拉、自理能力差等问题是很普遍的，家长为此焦头烂额却无计可施也很普遍。而像这样的日记在我们的“漂流日记”中真是屡见不鲜。作为优秀的家长，大家毫不吝啬地分享了自己的方法，所有这些方法，都是科学而适用的，是每一位家长都能做到的。从另一个层面来讲，这就是用家长教育家长，用家长推动家长，用家长帮助家长，用家长改变家长。这要比老师讲许多理论来得有效。

在某种程度上，漂流日记还成为亲子交流的特殊工具。孩子将日记拿到家里，也就等于提供了一次家长与孩子沟通的机会。家长会想：我要写些什么？孩子会想：爸爸妈妈会写什么？通过这种交流，孩子能认识到自身欠缺之处，从而予以改正。毕竟，孩子都是希望得到褒扬的；毕竟，孩子都是希望让其他人看到他优秀的一面的。毕佳辰同学的妈妈是这样写的：

很荣幸日记今天漂流到我们家。今天孩子放学很高兴地跑到我跟前说：“妈妈，老师说今天的‘漂流日记’让我跟你一起完成。”我问孩子：“你想写点什么呢？”孩子想了想说：“那就写写我跟你一起做家务的事吧。”很快我俩便达成一致。

首先很感谢学校倡导了家长“漂流日记”这个活动，“漂流日记”这个平台，能让家长在教育孩子的道路上不断摸索、不断总结，既可以总结自己在教育中的不足，又可以学习到其他家长的经验。孩子的成长与学校和家庭的教育是分不开的，学校教给孩子的是知识，而家庭教给孩子的是内修个人品格和素质，两者相辅相成。

转眼间孩子上一年级已经快一个学期了，在这两个月里孩子成长了很多，也懂事了很多。从刚开始的提醒监督写作业到现在的放学自觉写作业以及阅读打卡、完成作业盒子、完成一米阅读；从刚开始的帮他整理书包到现在的自觉准备书包（按第二天的课程表准备），都说明他在不断地成长。在教育孩子的道路上，其实我们做家长的也是陪同孩子一起在成长。我每天对孩子的要求是上课一定要集中注意力认真听讲，积极回答问题，课间跟同学好好相处，遇到不懂的问题积极主动问老师。在家里我和孩子也学习老师在校制定的“红脸”和“黑脸”制度，积极回答问题、上课表现好奖励“红脸”一个，如果表现不好则是“黑脸”一个，并有相应的奖励和惩罚。我也引导孩子每天做家务，比如：自己洗毛巾、洗袜子、整理自己的衣物；做饭时孩子也会帮忙做一些力所能及的事，比如剥蒜、剥葱，包水饺时学习包水饺还有擀皮等。生活中为了能让孩子自觉遵守作息时间，我和孩子也制订了相应的时间表，6:30起床、洗漱；6:50～7:00吃早饭；7:20～7:30再检查一遍书包等。

在教育孩子方面，我相信初为人母的很多家长跟我一样都是在摸索中前行。在教育孩子的同时我也增长了不少知识，我也跟其他家长一样关注了一些公众号并查阅育儿知识，提醒自己养成良好的习惯。这让我认识到家长首先要以身作则，父母是孩子的第一任老师。而拥有一个好习惯将使人受益终身。同时家长要多站在孩子的立场考虑问题，多与孩子沟通，多鼓励孩子，培养孩子的自信心，孩子的成长离不开老师和家长的共同努力，我会积极跟老师沟通，配合老师做好孩子的教育工作。希望我们家校合力让孩子们在今后的小学生活中健康、快乐地茁壮成长。

相信家长与孩子在写这一篇日记时是其乐融融的，相信孩子在聆听到母亲写的是这样的内容时也是极为开心的。因为这潜移默化地渗透了一种引导：你做得好，我会鼓励你，并且分享给他人。这样一来，孩子在自尊心的推动下只会越来越好。

“我们一定不能推卸责任，把自己该做的事推给其他人。一个人从小到大，从能自理到自立，从懵懂无知的婴童到长成一个大写的真正的人，需要家长付出巨大的心血，没有人是不需要教育就能成为优秀的人才的。家庭的教育、学校的教育、社会的教育，这三种教育的有机结合，才能塑造一个完整的人，这其中家庭的教育尤为重要，并贯穿教育的始终，万万不可不重视。”于淙同学的家长是这样理解的。这也是我们的“漂流日记”的崇高目标。

第三节　有爱，就有改变

教育就是爱的艺术。没有爱的教育，是无法想象的。作为一名老师，必须带着爱心走近学生，像阳光，温暖他们；像雨露，润泽他们。作为一所学校，首先营造的，就是爱的氛围。只有爱，才会发生奇迹；只有爱，可以改变学生；只有爱，可以给学生一个未来。

我们常说“因材施教”，这个“材”指的就是一个个拥有不同个性、不同爱好、不同天赋，乃至不同家庭背景、不同知识结构、不同发展方向的孩子。针对这些，自然要采取不同的办法，尤其是多付出一些爱心，往往会改变一个孩子，进而改变一个家庭，甚至改变世界。

我们的学校是温馨的，处处流溢着爱的泉水。这泉水是甘甜的，它从每一位老师的心里、眼里流出来，滋润着每一个孩子，我们把这视作是自己的事业。我们知道，转变一个孩子，就是为我们的教育历史谱写辉煌的一页。而有关这方面的故事，则在美丽的校园里每天发生着。

李春霞就是一位富有爱心的老师，她曾遇到过一个特殊的学生。

新学期伊始，李老师接手了一个新班。班里有一个十一岁的男生，是老师眼中的“名人”，校园里流传着各种关于他调皮捣蛋的传说。李老师曾与他“接触”过两次，一次是考试，这个孩子只作答了十分钟就开始了各种小动作，一会儿是推动桌子弄出声音；一会儿是铅笔盒“啪”的一声掉在地上，惹得其他同学都抬头看他；一会儿是人钻到桌子底下……李老师想维持考场纪律，小声制止他，他却理直气壮、大声争辩，一副被冤枉的委屈神情…… 第二次接触是在一个上午的第三节课刚上课不久，站在院子里的李老师看到他从教学楼上冲下来，一边哭一边钻进学校北侧一座影壁墙的夹缝里，他的班主任急匆匆地下楼找他。可无论怎么劝，他就是不从影壁夹缝里出来，还声嘶力竭地嚷嚷："他们都欺负我，他们都欺负我，你怎么不管他们……"后来李老师了解到，这个孩子因一点小矛盾与后桌同学起了冲突，他就说全班同学都欺负他，哭着跑下楼了。

通过这两件事，李老师认识了这个叫"阳阳"的孩子。这个孩子内心敏感、易激动，经常自认为是"受害者"。没想到，仅仅半年，他就成了李老师班上的学生。开学的第一天，早早来到学校的李老师，看见阳阳在校门口徘徊，一个念头在李老师的脑海中闪现：何不起用他？ 为了这个孩子的改变，李老师决定试一试。她安排阳阳守着班里的课本，等候同班同学来领取。当时李老师心里还是有一些忐忑：这样安排，会不会发生什么意外，会不会把忙碌的开学搅得一塌糊涂。没想到事情进行得很顺利，李老师松了一口气的同时，突然对这个孩子的改变有了些许信心。

正式上课后，阳阳的问题就开始暴露，他在课堂上"想说就说"，遇到听不懂的知识就大呼"太难了"；家庭作业每天都有各种理由完不成……看到他的样子，李老师非常焦急：她不想看到这个孩子就这样发展下去，不想看到这个孩子就这么偏离正常的成长轨道。 她努力寻找着能跟阳阳谈心的机会。终于，一个周四上午的第三节课，李老师找到了合适的时机。上课铃响了，同学们都回教室上课了，空荡荡的校园里，只有阳阳一个人在操场上玩耍。李老师叫住他："为什么还不回教室？其他同学听到上课铃都回教室了。""小凯也刚上去（教学楼）啊。"阳阳转了转眼珠，露出委屈的表情，意思是"你怎么不批评他"。"是啊，小凯听到铃声知道要上课就马上回教室了。而你听到铃声，却仍然在操场上玩耍。你老说别人针对你，不愿意他人对你另眼相看，可你却时不时做出跟别人不一样的举动，你想让其他同学、老师如何看你？"阳阳低头沉默了，居然没有争辩，也没有顶撞。"开学以来，你的一言一行我都看在眼里。虽然落下的功课很多，可你尽自己最大努力完成作业；你用你的方式努力融入班集体，想跟同学好好相处……这些老师都看到了。但是你有没有想过，为什么事情的结果不那么理想呢？你的功课落下很多，遇到不会的题目为什么不请教老师或其他同学呢？你跟同学的相处方式是你对其他同学推推搡搡、拍拍打打，同学们能接受吗？你为什么不换一种方式呢？"

经过长期耐心细致的教育，阳阳在课堂上的"小动作"越来越少，回答问题也有条理了许多。很多任课老师都反映说他能安静地听讲了。"小孩子的成长是随性的，他会长成他人期望的样子，也可能会长成他人不喜欢的样子，关键就在于他偏离轨道又没有能力自己回到正轨时，是否有人拉他一把。”就这样，李老师怀揣一颗爱心，将一个淘气顽皮的孩子慢慢引向了正轨。

由于现代社会和家庭环境浮躁，吸引孩子的东西太多，使孩子的注意力很难集中；而家长对孩子的宠溺和纵容，也让孩子养成了找借口的坏习惯，孩子犯了错误，没有勇气承担责任，总是用各种理由为自己的行为开脱。面对这些问题，老师首先要对孩子满怀期待，然后耐心地矫正行为，所有的出发点，都要源于对孩子的爱：老师不能放弃任何一个孩子，要尽己所能地教育好每一个孩子，哪怕这个孩子不那么优秀。

“热爱一个学生就等于塑造这个学生，而放弃一个学生无异于毁掉这个学生。热爱学生，不仅要爱好学生，更要爱有缺点、有问题的学生。正因其存在问题，才需要教师付出更多的时间、精力和爱心。”这是孙光芬老师的心声。她用这样的信念改变了一个又一个孩子。

孙光芬老师班里有一个名叫小齐的孩子，学习习惯不好，本身又很贪玩，经常不按时完成作业，考试成绩也很不理想。充满爱心的孙老师看在眼里，急在心里。她热心地打电话与家长进行沟通，可孩子的家长文化程度不高，又偏袒、溺爱孩子，因此孩子的家庭作业还是不能按时完成，家长甚至还对老师的关爱有了抵触情绪，经常借故不参加家长会。面对家长的不配合，孙老师没有生气，也没有放弃，她前思后想，决定先从做通家长的工作入手。为此，孙老师对小齐进行了多次家访。一开始去的时候，她只是和小齐的父母拉家常，聊家长的不容易、孩子的健康状况等，逐渐减少了家长对老师的抵触。一来二去，在表扬孩子的同时，孙老师开始对小齐表达惋惜之情：“小齐作业写得很工整，如果她在写作业的时候再专注一点就更好了。”“孩子近来读词都读对了，同学们都给她鼓掌呢！要是小齐能在家再多写几遍就更好了。”“昨天那个问题小齐回答得特别到位，要是课后她能再多读几遍课文就更好了，这样其他的问题她也一定能很快思考出答案。”通过这种方式，孙老师让家长感受到老师对孩子的关心，也让家长和孩子都树立起了信心。做好家长工作的同时，孙老师双管齐下，加大了对孩子的辅导力度。渐渐地，孩子的成绩有了明显进步，家庭作业也能完成一些比较容易的了。但养成习惯容易，改掉坏习惯却很难，而孩子的教育，最忌半途而废。孙老师是一个有着足够耐心和爱心的老师，为了彻底帮助小齐改掉坏习惯，孙老师不时地提醒她，还在取得家长支持、配合的前提下，发动同学热情地帮助她，终于，小齐的学习情况有了很大的转变。

孙老师认为，孩子是千差万别的，有的一点就通，有的死钻牛角尖，教师唯有一而再，再而三地帮助他们，戒怒戒躁，才不会事与愿违。她还认为，每个孩子都有他的闪光点，都有值得感动和惊讶的一面，只是作为教师的我们总是喜欢凭自己的喜好和学生的表现，给他们加上一个一成不变的框框，对于优秀学生，总是给予他们机会，而对于有缺点的学生，则不放心把锻炼的机会交给他们，因此给予他们的只是片面的、不公正的评价，最后留下的只有遗憾。作为老师的我们对学生的关注与爱应该是平等的，应该学会激励每一个孩子，为他们创造锻炼自己的机会，让他们快乐地去体验，让他们走好人生的每一步。正是怀揣着这样的信念，孙老师的教育有了温度、有了情感。

像这样的故事，我们芙小每天都在发生，我们的每一位老师，都是用爱心守护孩子的天使。考景红老师班里有一个叫小辰的孩子，由于父母忙于生计，没有时间教育他，他便没有养成良好的学习习惯，成绩不理想，让他产生了“破罐子破摔”的心理。他上课无精打采、扰乱课堂秩序，下课调皮捣乱、欺负同班同学，渐渐地同学们都不愿意跟他来往。考老师苦口婆心地反复劝导他，却收获甚微。有一天，考老师正在上数学课，一个同学因为生病，突然吐了一地，坐在他周围的同学都捂着鼻子。小辰却不慌不忙地拿来了拖把和水桶，清理起呕吐物来。在他的带动下，周围的同学也开始帮忙，不一会儿工夫，教室打扫干净了。看到小辰的表现，考老师深深地觉得，哪怕再不起眼的孩子，也是有闪光点的，而这，不就是一个难得的教育机会吗？于是，在她的带动下，全班不约而同地为小辰鼓起了掌。考老师趁热打铁，对小辰提出了表扬，并对他说：“如果今后你对自己再严格要求一些，学习上再积极主动一些，对待同学再友善一些，老师和同学会更喜欢你。”接下来的日子里，考老师惊喜地发现小辰改变了很多，渐渐地，他回到了同学们中间。

郑丽娜老师也是学校的天使，她的爱心举动也让她改变了一个个孩子。郑老师班里有一个名叫小明的孩子，上课注意力不集中，扰乱课堂秩序；课后作业不认真，错误多且字迹潦草；没事儿还喜欢藏同学的东西。郑老师每次看到他，都觉得既难过又担忧：这样的孩子将来怎么在社会上立足、谋生？“我一定要帮他，帮他树立自信心，让他觉得自己跟别的同学一样；帮他树立正确的处世观，教育他每件事只要认真去做总会有收获。”郑老师下定了这样的决心。该怎么做呢？先从最简单的写字入手吧。于是，郑老师就利用每天下午课前的练字时间，有针对性地对小明进行辅导，从笔画顺序到字的间架结构一笔一笔纠正他、规范他，然后是有针对性地辅导他练习生字，只要有一个笔画写对了，郑老师就大力表扬他。课堂上每次听写完生字，郑老师都要先看看小明的，当堂指导他改错。辅导了一段时间后，郑老师发现小明写字正确率提高了，字也写得工整了。一次下午课前练字，郑老师照例在班中转着看同学们写字，看到小明的字写得很漂亮，就惊喜地说："小明，你今天写的字真漂亮！"同学们都抬起头看向小明并纷纷为他鼓起了掌，小明不好意思地说："老师，没……"他害羞得把头扭向了一边。不久后，郑老师发现小明做事认真了很多。一次上新课郑老师提问，小明居然第一次主动举手回答，虽然吐字不是很清晰，但显然他思考了，同学们对他的表现又报以热烈的掌声，郑老师发自内心地夸他："小明说得真好！"之后，每次发现小明的表现有进步，郑老师都会及时表扬他，慢慢地小明学习越来越认真，就连他觉得最难的习作，他也会尽力去完成，每次的学习任务他也都尽力去做。

"我们不得不承认孩子身上存在的差异，面对缺点多、问题多的孩子，夸赞他的优点无疑能帮助他重拾信心，他不再觉得自己一无是处，而是积极地面对学习，他也会明白只要自己努力总会有收获。我们就是要帮助每一个孩子成长。"是的，教师的使命就是帮助每一个孩子成长，用阳光般温暖的爱，用春风般和煦的爱……

第四节　责任，意味着远方

时代在发展，教育也应随之而发展。而不变的，则是担负在教职工作者肩头的责任。

从教多年，我深刻地意识到，家庭在不断地发生着变化，有的是向着温暖、和睦、文明的方向发展，而有的家庭，则因为各种问题的产生影响了孩子的正常成长。

我校一位高年级的老师告诉我，他的班里有一个孩子原本很聪明，虽然学习主观能动性差一些，但是只要老师及时提醒，他还是很愿意学习的。但是近期他经常无故旷课，老师批评他，他也是一副无所谓的样子。老师担心孩子不在校期间的安全问题，尝试和家长沟通，家长却以“孩子能学多少是多少”为借口不配合。原来孩子的父母前不久离异了，孩子跟着妈妈生活，孩子的妈妈不仅不关心孩子，还经常将怨气撒到孩子身上，这导致孩子内心发生了很大的变化。面对这种情况，我们的老师忠实地履行职责，充满爱意地关心孩子。了解到具体情况后，这位老师更加爱护这个孩子，在与他相处中，始终与他保持一致立场，坚持用“宽心”来打动和引导他。终于，这个孩子转变了心态，恢复了学习热情。

还有一个责任促成孩子转变的例子。一年级高老师班里的小涵和小淼是一对双胞胎兄弟，弟弟小涵性格内向、不爱说话，哥哥小淼性格外向、爱说爱笑。但这哥俩有一个相同的缺点——不讲究个人卫生，他们的课桌上总是乱七八糟，垃圾总是随手乱扔，吃饭的时候手总是黑黢黢的。家长对此也很头疼：多次跟老师反映“打过、骂过，就是没长进”。高老师仔细观察了这两个孩子的行为后推荐小涵参加“学校小雷锋”评选，同时高老师专门召开了一次“学习雷锋”主题班会，把小涵选为“卫生小卫士”，只要他做了好事，高老师就表扬他。得到这个荣誉让小涵十分喜悦，他喜欢上了这种通过自己的努力被老师表扬的滋味，他开始上课前主动做好课前准备，再也不往地下扔垃圾，主动打扫班级卫生……看到弟弟被老师表扬，哥哥小淼也“眼馋了”，开始迎头追赶。晚上回家哥俩写完作业后，争着抢着帮妈妈扫地、拖地、擦桌子，成了妈妈的好帮手。

老师一个小小的举措，就改变了一个孩子。作为一名教育工作者，我们最不应该吝啬的就是赞美和赏识，我们应该努力发现每个孩子身上的闪光点，让每个孩子发挥自己最大的潜力，而要做到这一点，则是那种不自觉地沉淀在内心的责任。

无论是学校还是老师，责任都是不可或缺的。责任，意味着担负，有了高尚的担负，才会积极地对待工作，而不是消极地躲避、怠惰地推诿；责任意味着自觉，不靠规则的约束和纪律的监督，忠实地做好自己的工作，热心地帮助他人；责任，意味着创造，面对工作中出现的各种问题，不依赖，不退缩，想方设法地将它处理好；责任，意味着热情，意味着态度积极，意味着能够换位思考，更意味着对每一个孩子用心守护。

小学教育有着它的特殊性，孩子的习惯还没有彻底养成，是非观念还未成形，一点风吹草动都会影响到孩子的心理发育，而社会、家庭的复杂性，也给学校教育带来了诸多挑战。如果没有责任心或者责任心不强，那对于孩子而言就是一种灾难：忽视了个体性、特殊性，只从普遍性、共通性出发，就等于漠视鲜活的生命。

我们芙蓉小学良好的传统就在这里，每一位老师都富有爱心，都能站在孩子的角度上思考问题，不放松对任何一个孩子的教育。责任，就体现在他们的每一个教育细节里。对于孩子的教育，我们始终持这样一种态度：如果我们的教育能让孩子在学校中找到自己的位置，增强孩子的自信，那么我们就会得到家长的理解和认同，我们的教育也就能够顺利地进行。而一个孩子的改变，需要多方面的力量，整个学校从领导到老师，都有责任。一所学校人人如此，就会形成一种良好的育人氛围。孙晓艳老师对一个孩子的改变所做的不懈努力，就是一个典型的例子。

孙老师担任一年级班主任的时候，遇到了一个让人头疼的孩子。这个孩子父母离异，他跟着爸爸生活，由于爸爸忙于生计，顾不上管他，他的自理能力和自控能力就没有得到很好的培养。有一次上课时，他找不到橡皮，便开始四处翻找。为了不影响课堂秩序，孙老师拿了一块白色的橡皮给他，他却随手丢在地上，嚷嚷道："这不是我的橡皮，我的橡皮是黄色的。"孙老师又拿出一块黄色的橡皮给他，他随即抛到窗外，嘟囔道："这块橡皮也不是我的，我的橡皮没有这么大。"见此情景，周围的同学纷纷把自己的橡皮借给他用，他也不理睬，一边嚷嚷着一边继续找他的橡皮。孙老师看在眼里，急在心里：对这样执拗的孩子，该怎么办呢？

为了帮这个孩子改掉坏习惯，孙老师尝试了很多办法，但效果都不好：对他态度强硬点，他就会大吵大闹，嚷嚷"我不上学了"；对他采用说服教育，他上课时也只能坚持几分钟，大部分时间还是三心二意；跟他的家长沟通、交流，成效也不大。就在孙老师为此苦恼时，转机出现了。一次讲解数学题时，孙老师耐心地对他说："你看，这道题需要涂色，你用彩笔涂一下。"他听了嘟囔着："我没有彩笔。""那让你爸爸给你买一盒彩笔，你回家后再涂吧。"没想到孩子大哭起来，一边抹眼泪，一边抽泣："可是我爸爸不给我买。"孙老师忙安慰他："别难过了，大家都会帮助你的。"几个同学闻言忙把彩笔递给了他，他这才破涕为笑。看到他的样子，孙老师的心里像打翻了五味瓶，各种滋味涌上心头。

事后，孙老师了解到这个孩子的爷爷、奶奶身体不好，经常住院，爸爸收入不高，家里生活困难。因此放学后，孙老师把一盒彩笔送给他，并对他说："老师发现你有进步了，这盒彩笔奖励给你，如果你能听老师的话，变得爱学习，我还会给你更多的奖励。另外，你有什么高兴事、烦心事都可以跟老师说，老师一定会帮助你的。"孩子接过彩笔，高兴地笑了。

慢慢地，这个孩子变了，他会跟孙老师聊他过生日的情景，丢了水杯会来让孙老师帮忙寻找，上课时能举手回答问题，下课后能和同学们一起做游戏，还经常让孙老师看他画的画。更让孙老师欣喜的是，他的学习成绩进步很快。正是这份责任心带来的爱，让这个孩子把孙老师当成了他的朋友和坚强后盾，因此他才有了如此大的变化。

"有一种爱叫责任，有一种关怀叫无私，有一种职业叫作老师。许多人都说，教师只有平凡，只有寂寞，没有灿烂，没有辉煌。然而我自豪，因为我是一名教师，我从事着太阳底下最光辉的职业。"这是我校曹晓丽老师的心声。正因为拥有这样的情怀，她工作特别细心，充分做到了理解和关爱每一个学生。

"我想，每个孩子都是渴望得到关爱的，所以我们老师一定不要吝啬，给孩子多一点爱，多一点关心。可能你的一句话、一个眼神、一个爱抚，就能影响孩子的表现，甚至影响孩子的一生！"张小梅老师是如是说。是的，教师，意味着一条路、一个远方，教师的一举一动会影响孩子的一生。这就是这一职业的责任感、使命感。

"作为一名教师可以没有能力点燃火种，但绝不能熄灭火种！面对眼前同样充满好奇和天真的孩子们，要珍惜，更要努力让每一个孩子的心中都充满阳光，让每一个孩子都在爱的抚慰下快乐成长。孩子的心灵如水晶般纯洁而美丽，孩子的心灵如玻璃般脆弱而易碎，作为教师不但要欣赏他们水晶般的心灵，更要保护他们玻璃一样易碎的自尊。"这是钱素梅老师的观点，也是其他老师的心声。教育，在一定程度上就是保护，保护童心，保护尊严。

我们拥有责任，我们忠于责任，我们也将这种责任予以传递和培育，使之成为一种动力。这一点，在我们的国旗班表现尤为突出。2020 年开学，学校增设了国旗班，我们把三、四年级每个班上普遍比较顽皮、学习成绩不太理想且没有参加其他任何社团活动的学生纳入国旗班，由退伍军人带班。同时建立家长微信群，每天让学生在家做家务，由家长拍照发到群里，等到下次社团课，老师会点评表扬。仅仅一个月的时间，国旗班纪律严明，队伍整齐，精神抖擞。班主任们都说这些孩子变了，变得讲卫生了，变得有上进心了。之后，学校还给国旗班学生定制了统一的礼服，孩子们穿上以后，更是英姿飒爽。潍城区运动会上，国旗班还代表学校参加了开幕式表演。我想，责任的种子已经悄然埋在了他们的心里，他们懂得了为荣誉负责、为自己负责。

“铭记责任，方能成人。”这是我们的信念，为了这个信念，我们将上下求索，无怨无悔。